世界一簡単なだし生活。

コーヒードリッパーでかつおだしをとる著者（20ページ）　写真／北欧、暮らしの道具店

具がなくても十分満足。
だしむすび（65ページ）

週に一度は旅館のような
朝ごはん（61ページ）

だしさえあれば、簡単なのにこんなにおいしい

あごだし湯豆腐はスープを飲み干したくなるおいしさ (92 ページ)

だしじゃがはうま味たっぷりの
ほっくり感 (80 ページ)

幸せの香り、だし巻き卵風
フレンチトースト (89 ページ)

これぞ"うま味の相乗効果"。丸ごとトマトの炊き込みごはん（119ページ）

安い鶏肉でもぐっとおいしくなる
昆布締め（94ページ）

創作だし茶漬けを楽しむ
（明太チーズ）（100ページ）

五島列島あごだしツアー

早朝から始まるあご漁（224ページ）

網に大量のあごが（224ページ）

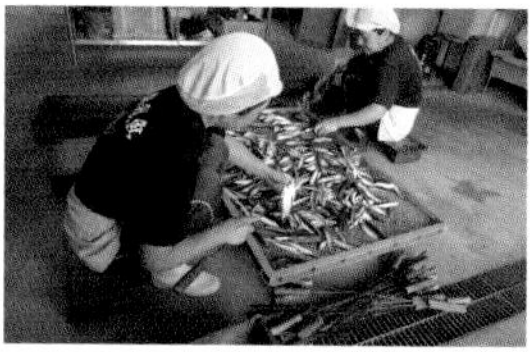

すぐに始まる焼きあご作り（225ページ）

圧巻の迫力！　ずらりと並んだあごの串刺し（225ページ）

世界一簡単な だし生活。

梅津有希子

祥伝社黄金文庫

まえがき

年が明けると、何か新しいことがしたくなる。春になると、暮らしをちょっと変えたくなる……。そんな人は、けっこう多いのではないだろうか。

「今年こそ、だしをとる！」と誓ったのが、数年前のお正月のこと。それまでは、だしをとるのは年末年始のみ。大晦日《おおみそか》の年越し蕎麦《そば》と、お正月のお雑煮《ぞうに》くらいで、自炊を始めてから20余年、ずーっとこのような感じだった。

そんなわたしが、今では毎日、自分でとっただしを料理に使っている。「だしをとる余裕なんてない」「なんだか難しそう」「面倒」と思っていたのが嘘のように、かつお節や昆布、煮干し、干し椎茸《しいたけ》、あごなどを駆使して、おいしいみそ汁やだし茶漬け、うどん、スープ、カレーなど、うま味たっぷりのだし生活を満喫している。さらには、「だし愛好家」としてテレビやラジオに出演したり、だしのイベントまでやるようになったのだから、ほんとうに人生わからないものである。

『だし生活、はじめました。』では、顆粒《かりゅう》だしとだしパックしか使っていなかったわたしが、毎日だしをとるようになるまでの成長物語を描いたが、本書では簡単すぎるだしの活用法もたっぷり紹介。料理のプロではないからこそ提案できる「ざっくりレシピ」は、きっと「これならできる」と思ってもらえるような、だしのおいしさがよくわかるシンプルなものばかり。意外と多い、「だしをとったはいいけれど、みそ汁と鍋以外、何に使ったらいいのかよくわからない」というお悩みも、きっと解決するのではないかと思う。

気合を入れてだしのプロに習った「本気のレシピ」は、おうちごはんのランクが格段に上がる、これぞ〝店味〟。「自分でとっただしでていねいに作ると、こんなにおいしいんだ」ということを、きっと実感してもらえることと思う。

だしは難しくない。そして、本物のだしはとてもおいしい。

かつての自分のような、「だしをとりたいけど、よくわからない」「どうしても続かない」という人の背中をポンと押して、だしをとることのハードルをグッと下げたい。そして、だし好きの輪をもっともっと広げたい。

おいしくて、体によくて、毎日のごはん作りがラクになる、いいことだらけのだし生活。やらないいなんてもったいない！

さっそく今日から、始めてみませんか？

だし愛好家・梅津有希子《うめつゆきこ》

目次

二、だし生活を満喫！　ざっくりレシピ

三、プロに学ぶ　だしとうまみの活用術

四、だしをたずねて

ブックデザイン　野本奈保子（nomo-gram）
図版制作　Ｊ－ＡＲＴ
本文写真　著者提供

一、だし生活を今すぐ始めるべき8つの理由

数年前まで、毎日のごはん作りに顆粒《かりゅう》だしを愛用し、自分でだしをとることはほとんどなかった。ところが、今ではまったく面倒に思わず、呼吸をするようにだしをとり、もうかつお節や昆布のない生活は想像すらできない。

だしのある暮らしは何がそんなにいいのか。どんなメリットがあるのか。改めて考えてみると、理由は意外なくらいシンプルだった。

1 おいしい

だし生活が素晴らしいと思うのは、何といってもこのひとことに尽きる。**本物のだしさえあれば、日々のごはんがとってもおいしくなるのだ。**

だし生活を始めて3年。自分でも驚くほど、顆粒だしやだしパックをまったく買わなくなった。それだけではなく、コンソメキューブや顆粒のブイヨン、鶏ガラスープの素も、一切購入していない。なぜなら、簡単にだしをとる方法が身についたということと、かつお節や昆布、煮干し、干し椎茸《しいたけ》などから自分でとっただしで作る料理が、簡単なものでもおいしくて満足ということ。そして、天然のうま味成分を毎日摂取することで食の嗜好《しこう》や味覚が変わったのか、コンソメやブイヨンが必要な料理を作ろうと思わなくなった、ということも大きい。

だし生活を始める以前、冬はよく、コンソメキューブを使ってミネストローネやポトフを作っていたのだけれど、これらのスープは、昆布だしやかつおだしで作るようになった。トマトや玉ねぎなどの野菜や、ソーセージ、ベーコンなどからもうま味やだしが溶け出すので、味の濃いコンソメキューブを使わなくても十分おいしく、物足りなさを感じることもない。

顆粒の鶏ガラスープの素《もと》も、今思えばよく使っていた。これもさまざまな料理に使っていたはずなのだけれど、何に使っていたのかさっぱり思い出せない……。それくらい、顆粒の鶏ガラスープがなくても困っていないのだ。

たまに鶏ガラスープを使いたいと思ったときは、本物の鶏ガラを煮込んでスープをとる。スーパーで1個100円から200円程度で買えるのでコスパもいいし、ただ煮込むだけなので特に難しいこともない。ル・クルーゼの鍋で鶏ガラを煮込み、沸騰《ふっとう》したらガス台から鍋を下ろして保温調理カバーをかける。弱火でじっくり煮込み続ける状態を保ち、余熱調理ができるので、ガス代が跳ね上がることもない。

鍋いっぱいに作った本物の鶏ガラスープは、冷蔵庫で2、3日くらい持つ。塩を少々加え、小口切りのネギを浮かべただけのシンプルなスープは、これだけでとてもおいしい。

冬は鍋のベースにもよく使う。自分でとった鶏ガラスープで作るちょっと贅沢《ぜいたく》な寄せ鍋やカレー鍋のベースにしたり。だしがおいしいので、鍋の締めは、北海道出身としてはラーメンがおすすめだ。鶏ガラスープに、豚バラや野菜から出ただしも加わり、鍋の具がなくなる頃には極上のラーメンスープができている。麺は、道内以外のスーパーでも近年よく見かけるようになった北海道の製麺所、「西山製麺」か「菊水」の縮れ麺がおすすめ。コシのある縮れ麺に、スープがよくからんで最高だ。


昆布やかつお節、煮干し、干し椎茸などからとるだしは、ベースがうま味のかたまりなので、そこに少量の塩や醬油《しょうゆ》で味を調《ととの》えるだけで料理が完成する。うま味がしっかり感じられてほんとうにおいしいので、余計な調味料を入れる気にならなくなってくる。塩か醬油で調えるのが、だしのうま味が一番わかると思うのだ。

よく、料理本や雑誌の料理ページで「だしがあれば、料理がシンプルになる」というフレーズが出てくるけれど、昔はその意味がまったくわからず、「シンプルってどういうことだろう」と思っていた。ところが、だし生活が身についてからは、その意味がよくわかる。**「本物のだしさえあれば、料理は凝ったことをしなくても、十分おいしくなるんだ！」**ということを、今、身をもって実感しているからだ。

極論をいうと、**「味付けはもはや塩か醤油だけでいい」**と思っているくらいである。

もともと、ケチャップやソース、マヨネーズなどをよく使うような料理はほとんど作っていなかったのだけれど、だしをとるようになってからはますます使わなくなった。とはいえ、たまに使いたいときもあるので、これらの調味料は、「10ｇ×10袋入り」などの、お弁当用で済ませるようになった。小さい頃から、わが家はマヨラー家庭ではなかったこともあり、自炊を始めてから20年以上、マヨネーズ1本を賞味期限内で使い切れたためしがない。でも、お弁当用なら1回使い切りなので、無駄になることもない。

これらの調味料の使用頻度がさらに減り、最近は醤油をよく買うようになった。食品メーカー関係者と話していると、近年、家庭で和食を作る機会が減っているということもあり、醤油が売れないと聞く。わたしも、普段から和食を多く作っているわけではなく、かといって、洋食とも中華料理ともいえない創作料理的なものが多いのだけれど、おいしいだしには、醤油や塩がよく合うと、つくづく思う。なんというか、「**この素晴らしいうま味を、濃い味の調味料で消したくない**」と思うようになったのだ。

2 かんたん

「だしをとるのは難しい」「だしをとるのはめんどくさい」。以前のわたしはそう思い込んでいた。みそ汁には顆粒だしをザザッと入れて、うどんを作るときにはだしパック。自分でだしをとるのは、大晦日《おおみそか》の年越し蕎麦《そば》とお正月のお雑煮《ぞうに》のみ。年に2回しかとらないので、「去年はどうやってとったっけ……」と毎回だしのとり方を忘れ、その都度料理本で確認したり、ネットで検索してきた。本やレシピサイトによって、かつお節や昆布の分量も違えば火にかける時間も違うので、今思えばだしのとり方も濃さも、毎年違っていたはずである。

そんなわたしでもだし生活がすっかり定着したのは、「**だしのとり方に正解はなく、自分流でいい**」ということがわかったのと、「**挫折《ざせつ》しないだしのとり方**」が身についたからだろう。

これまで、プロの料理人や料理研究家、だしメーカーなど、たくさんのだしのプロに**「だしのとり方」を取材してきたけれど、誰ひとりとして同じとり方の人はいない。**数学のように、正しい解答があるわけではなく、自分のやり方で何の問題もないということがわかり、**「そうか、だしは自由でいいんだ」**と、胸にすとんと落ちたのだ。

毎日作るごはんだからこそ、負担にならない方法じゃないと続かない。いろいろ試してたどり着いたのが、**「コーヒードリッパーでとるかつおだし」**と、**「麦茶ポットで作る昆布だし」**。詳しいとり方はのちほど解説するが、**この2種のだしをベースに、煮干しだしや干し椎茸だしなど、何らかのだしを冷蔵庫に常備し、料理や気分に合わせて使い分けるようになった。**

このやり方で、わたしはだしをとることへのハードルが一気に下がり、今ではまったく面倒ではなくなった。ドリッパーなら、ひとり分の汁物にもちょうどいいし、鍋料理のだしが減ってきたときにも、さっととって鍋に追加することができるので重宝している。「赤ちゃんの離乳食に本物のだしを使いたい」というお母さんたちの声をよく聞くが、離乳食作りにも使い勝手がいいのではないだろうか。わが家はウォーターサーバーを愛用しており、赤いレバーを下げるだけでいつでも熱湯が出てくる。お湯を沸かす手間すらなく、もはやかつおだしはインスタント感覚でとっている。

ポイントは、新品のコーヒードリッパーを使うことくらいだ。普段コーヒーを淹《い》れているドリッパーには、コーヒーの香りがしみ込んでいるので、だし専用のドリッパーを用意しよう。スーパーなどでも入手しやすい「メリタ」や「カリタ」でも、雑貨屋さんに並んでいる、かわいい陶器のものでもなんでもＯＫ。１００円ショップのものでも十分だ。ちなみに、わたしが愛用しているのは、「クレバー」というメーカーのもの。少々値は張るが、ふたをして蒸らすことができ、カップにのせたらコーヒーやだしが下に落ちるというしくみ。よりしっかりとしただしがとれることもあり気に入っている。

世界一簡単なだしのとり方

【ドリッパーかつおだし】

コーヒードリッパーにフィルターをセットし、かつお節をバサッと投入。熱湯を注ぐ。かつお節5gに熱湯180ml程度が目安。冷奴やおひたしなどに使う、小分けのパックだと一度に使い切れて便利。

【鍋でとる黄金だし】

たくさん使うときに。鍋に水1Lを入れ、沸騰したら火を止める。かつお節を30g入れ、沈むまで1分待ち、キッチンペーパーをのせたザルで濾《こ》す。1分で十分だしが出るが、別に3分や5分経っても問題ないので、厳密に時間を計らなくてもだいじょうぶ。料理研究家やプロの料理人の本には、「雑味やえぐみが出るため、かつお節は決してしぼらないこと」と書いてあるけれど、わたしの舌では雑味もえぐみも気にならず(笑)、その後醤油やみそなどの調味料も入れるので、しぼれるだけ思いっきりしぼっている。だって、もったいないではないですか。

かつおだしは冷蔵庫で2日程度保存可能だが、引き立ての香りも楽しみたいため、わが家では一度に使い切る。「みそ汁、おひたし、だし巻き卵」の「おだし3兄弟」のような、だしのきいた和定食が作りたいときなど、この方法でまとめてとるようにしている。

●ポイント

・自分で削ったかつお節を使うのが一番だが、さすがにそこまではハードルが高いので、**削り節の場合は開封したてのかつお節を使うのがベスト**。開封直後から香りが落ち、酸化が進むため、開封後は常温ではなく必ず冷蔵保存で。開封後1週間で風味がほぼなくなり、風味が落ちると香りのよいだしがとれなくなるので、「**おいしいだし＝開封したて**」**と覚えておこう**。

・分量をきちんと量ること。「ひとつかみ」や「目分量」では、ほとんどの場合少なすぎることが多い。30ｇは見た目的にもけっこうな分量だが、このくらい使ったほうが、顆粒やだしパック、添加物に慣れた舌でもかつおだしのおいしさがはっきりとわかるのでおすすめ。**大袋入りの「花かつお」は、80ｇ入りのものが多いので、どうしても量るのが面倒な場合は、「1Lに1袋の半分弱を使う」と覚えておこう**。

・かつお節を濾すのは、ふきんではなくキッチンペーパーでOK。ふきんだと、かつお節がついて洗いにくく、普段からふきんを愛用していないと、干す場所を確保するのも大変。こういう小さなストレスの積み重ねが、「だし＝面倒」という思考になりかねない。わたしは、最近はキッチンペーパーすら使わず、ストレーナー（持ち手のついたザルのような濾し器）で直接濾すことのほうが多い。かつお節の細かい粉がだしの中に入るけれど、食べられるし特に気にならないので、省けるところはどんどん省いている。

・だしを濾すのはザルよりも、柄《え》つきのストレーナーがおすすめ。ボウル&ザルでだしを濾すと、ザルにセットしたキッチンペーパーにかつお節もだしも浸ってしまい、片手で濾しにくいため。

【麦茶ポット昆布だし】

麦茶ポットに水1Lとだし用昆布10〜20gを入れ、冷蔵庫で1〜2晩おく。水の硬度によって抽出時間が変わり、軟水の関西は1晩、関東以北は2晩おいたほうが、しっかりとしただしが出る。冷蔵庫で1週間程度保存可能。

●ポイント

・かつお節同様、分量を量ること。料理本によっては「10㎝四方×1枚」などと書いてあることも多いが、**昆布によって厚みがかなり違うので、長さではなく、重さを量るのがおすすめ。**実体験として、日頃からキッチンスケールで計量するくせをつけておくと、他のレシピでも分量を量るのが苦ではなくなった。

・昆布10gでも十分だしは出るが、かつおだしと同じく、顆粒やだしパックに慣れた舌には、最初はちょっと濃いめのだしのほうが、おいしさやうま味がわかりやすい。「昆布だしって、こんなにおいしいんだ！」と感じることが、だし生活を続けたくなる最大のポイントで、飲んでみても「だしの味がよくわからない」「なんか水みたい」と感じてしまうと、「やっぱり顆粒だしでいいや」となってしまう。20gでだしが濃いと感じれば、水で薄めて使えばよく、あとから調整可能。「濃ければ薄めればいい」と思えば、「たくさん昆布を使ってもったいない」とも思わなくなるし、それよりもおいしさへの感激のほうが上回り、きっと冷蔵庫に常備したくなるはず。

【煮干しだし】

保存容器に水400mlと煮干し10尾を入れ、冷蔵庫で1晩おく。

●ポイント

・頭や腹わたは取らなくてもだいじょうぶ。取るとすっきりとしただしになり、取らないとよりうま味の強い、力強いだしになるので、お好みで。わたしは面倒なので頭付き腹わた付きのままだしをとっているが、十分おいしく、えぐみも特に気にならない。

【干し椎茸だし】

保存容器に干し椎茸とひたひたになるくらいの水を入れ、冷蔵庫で1晩おく。

●ポイント

・干し椎茸だしは味が強く、入れすぎると何でも干し椎茸味になってしまうため、苦手という人も少なくない。わたしは、一度に2、3個の干し椎茸を水に浸けておき、料理にうま味をプラスする目的で、かつおだしや昆布だしにほんの少しだけスプーンでちょい足しして使うことが多い。「うま味の素」のような感覚で、スープ1杯にティースプーン1杯程度で、干し椎茸くささはほぼわからず、十分なうま味とコクが加わる。

3　たのしい

かつお節などに含まれるイノシン酸と、昆布などに含まれるグルタミン酸。この2つを組み合わせることで、うま味が飛躍的に増し、7〜8倍にもなるという現象が、「**うま味の相乗効果**」だ。

数年前に参加しただし教室で、初めてこの事実を知ったのだが、だしのおいしさにどんどんハマっていくと同時に、「うま味」というキーワードにもすっかり敏感になり、「うま味たっぷり」というフレーズに、いとも簡単に落ちるようになってしまった。

たとえば、「牡蠣《かき》と昆布のうま味たっぷり」というラーメンがあれば電車を乗り継いで食べに行き、イタリアンレストランでは、「トマトとあさりのうま味たっぷり」と書いてあるボンゴレロッソを注文。「これにチーズをかけたらうま味の三重奏で、さらなるうま味の相乗効果が……!」などと、うま味の重ね技を妄想するといった具合だ。

「うま味」って、ほんとうにおいしそうに聞こえる言葉だし、なんというか、夢がある。料理がおいしくなる魔法。**今、「好きな言葉は?」と聞かれたら、迷わず「うま味」と答える。**

だしに関する研究を行っている、龍谷大学農学部食品栄養学科教授・伏木亨《ふしきとおる》氏によると、ラットでの実験で、だしは砂糖や油と同様に「やみつき」になるということが明らかになっている。「おいしいものは、脂肪と糖でできている。」という、お茶のテレビCMがあったけれど、甘いものやラーメンなど、繰り返し食べたくなる「やみつき」になる食べものは、たしかに砂糖や油を使ったものが多い。

毎日だしを摂取しているわたしは、まさに「脳と舌がだしにやみつきになっているのだろうな」と心底思う。とにかく、「だしのきいた料理が食べたい」と、体がだしを欲する。伏木氏の『だしの神秘』（朝日新聞出版）という本でラットの実験を知り、すとんと腑《ふ》に落ちたのだ。わたしはラットと一緒だ、と。

おいしいから続く。そして、やみつきになるから、やめられない。これが、わが家のだし生活が続いている要因のひとつだと思っている。

そんなわけで、スーパーで買い物をしていても、うま味が多く含まれる食材をつい手に取ってしまう。トマトにチーズ、きのこ、貝類、白菜など、うま味の多い食材を組み合わせて料理を考えることが、楽しくておもしろい。たとえば、「豚バラのトマト煮込み」だとこんな具合だ。

「豚肉のイノシン酸に、トマトのグルタミン酸、そこに干し椎茸のだしもちょこっと加えてグアニル酸もプラスすれば、うま味のトリプルアクセル」

「鶏ときのこのスープ」だと、こう。

「昆布だしできのこと鶏もも肉をサッと煮込み、仕上げにオイスターソースをほんのひとたらし。昆布のグルタミン酸、きのこのグアニル酸、鶏のイノシン酸、さらに牡蠣のコハク酸まで加わって、これはとんでもなくおいしいスープになってしまうのではなかろうか……!?」

と、考えるだけで膝が震える。脳内では、牡蠣や昆布らが奏でるうま味のカルテット（四重奏）が聴こえてくる。

この「うま味の相乗効果」を知ってから、「うま味しばり」で料理を考えるのが楽しくなった。うま味を重ねるだけで、複雑な調味料や調理法も不要で、簡単においしい料理ができるのだから。

うま味成分をたくさん含んでいる食材は？

アミノ酸系	核酸系	
グルタミン酸	イノシン酸	グアニル酸
昆布 みそ しょうゆ トマト 玉ねぎ アンチョビ チーズ 豆 白菜 緑茶　など	かつお節 煮干し 肉類 魚介類 鶏ガラ 干し貝柱　など	干し椎茸 きのこ類

このうま味を発見したのは日本人で、1908年、東京帝国大学の池《いけ》田《だ》菊苗《きくなえ》博士が、昆布の煮汁からグルタミン酸塩の抽出に成功。5年後の1913年、池田の弟子である小玉《こだま》新《しん》太郎《たろう》博士が、かつおのうま味成分がイノシン酸であることを解明した。そして1957年、ヤマサ醤油研究所の國中《くになか》明《あきら》博士が、きのこのうま味がグアニル酸であることを明らかにし、あわせてグルタミン酸とイノシン酸による「うま味の相乗効果」も発見。「うま味を組み合わせるとおいしくなる」ということが科学的に解明されたのは、意外にも昭和時代のことだったのだ。

和食の基本であるかつおと昆布の合わせだしは、はるか昔からある組み合わせだけれど、これがまさに「うま味の相乗効果」だったのだ。それにしても、昔の人はよく考えたものだと思う。2つのだしを合わせると、飛躍的においしくなるということを、体感的にわかっていたのだから。

4 減塩

高血圧の人が減塩を心がけているのはよく知られているが、わたしの身内や身近な人で高血圧で悩んでいる人がおらず（低血圧は多いが）、そもそも「高血圧になったらどうなるのか」という、根本的なことがわかっていなかった。ので、調べてみた。要約すると、左記の通り。

高血圧になると、自覚症状のないまま血管に悪影響を与え、動脈硬化を引き起こす。血管がたくさん集まる臓器で動脈硬化が進むことで、脳出血や脳梗塞《こうそく》、心筋梗塞など、命に関わる重大な病気につながる。

そうだったのか……。これは大変なことではないか。高血圧は、通称「サイレント・キラー（沈黙の殺し屋）」とも呼ばれており、自覚症状がないことから、放置しているとある日突然生命を脅かされるという展開も少なくないという。ゆえに、高血圧になるのを予防する上でも、日頃から塩分を控えておくに越したことはないのだ。

厚生労働省「日本人の食事摂取基準（２０２０年版）策定検討会」の報告書によると、塩分摂取量の目標量は、18歳以上の男性で１日あたり７・５g未満、18歳以上の女性で６・５g未満と定められている。**「あれ、10g未満じゃないの？」と思ったあなた、それはかなり昔のデータです……！**

ちなみに、日本高血圧学会減塩委員会は、高血圧予防のために、さらに少ない１日６g未満を推奨している。世界基準のＷＨＯ（世界保健機関）にいたっては、もっと少ない５g。日本人の塩分摂取量は、世界的に見ても多いのだ。

朝はコンビニ、昼は牛丼、夜の飲み会では唐揚げとビール、日本酒が進む塩気の濃いつまみ。そして、締めは深夜のラーメン。こんな生活を続けていると、塩分はあっという間に1日の摂取目標量をオーバーするどころか、ラーメン1杯で10gを軽く超えるものもある。

外食が多いライフスタイルだと、塩分を抑えるのはなかなか難しいけれど、日々の家庭料理にだしを取り入れると、外食や、外で買う惣菜《そうざい》、弁当の味がいかに濃いかがわかってくる。

自宅で仕事をしているフリーランスのわたしは、3食を家で食べることも多く、いつも、だしとうま味たっぷりの簡単ごはんで済ませている。前述の通り、だしとうま味をきかせれば、味付けは少量の塩か醤油で十分おいしい上に、複雑な料理を作らないので時短にもなる。以前、1日3食を厚労省の目標塩分摂取量である6・5gで収められるか試したことがあるのだが、キッチンスケールで6・5gを量ってみると、見た目的にもけっこうな量で驚いた。見た瞬間「こんなに使っていいんだ」と思い、実際、6・5gを使い切らずに5gで済んだ。

だしを料理に使うと、うま味がしっかりきいているので、塩分を減らしても薄味とは感じない。料理のおいしさや満足度を高めるのに、おいしそうな香りは欠かせないが、引き立てのかつおだしは素晴らしく豊かな香りで、さらに満足できるはずだ。顆粒だしだと、このような香りは立ちのぼらない。

だし生活は、将来の体のためにもメリットが多いのだ。

5 太りにくくなる

ミネラルや食物繊維など、体にうれしい栄養がたっぷり含まれている昆布。わが家の冷蔵庫には、水出しの麦茶ポット昆布だしを常備し、毎日の料理に使っている。だし生活が続いているのは、「料理を作るためにだしをとる」のではなく、常にだしが冷蔵庫に入っているので、「いつでも、あたりまえのように料理に使う」というサイクルができたのが大きいと実感している。

だしがら昆布はキッチンバサミで細く刻んで、いろいろな料理に使っている。よく作るのは豚こまと昆布の炒めもの。味のバリエはバターで炒めて仕上げに醬油少々。ごま油で炒めて塩をぱらり。塩胡椒《こしょう》とカレー粉。この3種が多い。これに、納豆ごはん、昆布だしのかきたまスープ、もずく酢。冷蔵庫にミニトマトがあれば添える。主婦のお昼、というか、わたしのお昼は大抵こんな感じである。

このように、昆布はほかの食材の味をじゃましないので、野菜をプラスするような感覚で気軽に使い、豊富な食物繊維で毎日すこぶる快調だ。便秘に苦しんでいる人は、便秘薬を飲むよりも、毎日昆布を食べるほうがよっぽど体にいいし、「翌朝スッキリ」効果を実感できることと思う。

そして、だしはおいしくて「やみつき」になる効果があるため、「だしのきいた料理が食べたい」と、だんだん食生活がだし中心になっていく。必然的に、こってりした料理や油たっぷりの料理を作らなくなり、わが家の日々の食生活は、どんどん健康的になっていった。

自分に訪れた変化で不思議に思っているのが、**だし生活を続けていたら、なぜか甘いものを欲しくなくなったということ。**

自宅が仕事場でもあるわたしは、だし生活以前は、ほぼ毎日3時のおやつを買いにコンビニに行っていた。シュークリームやベイクドチーズケーキ、ガトーショコラ、ティラミス、ナッツぎっしりのタルトなどなど、1日1個、必ずといっていいほど食べていた。フルーツゼリーやヨーグルトなど、ヘルシーめのスイーツはほとんど選ばず、しっかり甘くて食べ応えのあるものばかり買っていた。

それが、今はまったく食べたいと思わないのだ。ためしに、たった今セブン-イレブンに行き、デザートコーナーの前に立ってみた。しかし、やはり食べたいと思わない。こんなにも魅力的な新作スイーツが並んでいるというのに……(ので、男梅サワーを買って帰ってきた)。

「なんでだろう」と思っていたタイミングで、『だしの科学』(朝倉書店)に大変興味深い一文が載っていたので引用したい。山陰労災病院第三循環器科部長・水田栄之助氏らの研究によるものだ。

「うま味感度が低下している人は甘いものが好きで肥満になりやすいことがわかった。また、甘味感度が低下している人はうま味を好み、うま味をあまり好まない人は甘党が多かった。」

これはまさにわたしではないか。**「甘味感度が低下しているからうま味を好む」**。以前のわたしは甘いものが大好きで、やめられなかった。当時は、「うま味」を意識して料理を作ることもなく、だしもとっていなかったので、うま味感度が低かったのだろう。毎日だしを摂取している現在は、うま味感度と甘味感度が逆転したのだろうと腑《ふ》に落ちた。

つまり、なぜ「だし生活＝太りにくくなる」のか。実体験をまとめてみると……。

- **こってりした食生活をしなくなる**
- **昆布の食物繊維で毎日快調**
- **甘いものを欲しなくなる**

この3つの事実で、太りにくくなるのは間違いないだろう。それにしても、あれだけ好きだった甘いものに、まったく目がいかなくなったのはほんとうに不思議だ。とはいえ、嫌いになったわけではないので、たまにはおいしくいただくけれど、一度に食べられる量が減った。甘いお菓子は、少しだけで十分満足。

おいしいから続いているだし生活。結果的に、健康的な生活にシフトしていくものなのだなあ……ということを、身をもって感じている。

6 意外と高くない

「昆布やかつお節は高い」とよくいわれる。たしかに、安いとはいえないけれど、手が出ないほど高いだろうか？　今、家にあるだし素材をざっくり計算してみたところ、真《ま》昆布1袋（100g）が650円。昆布20gで1Lの昆布だしがとれる（＝130円）。つまり、みそ汁1杯200mlあたり、26円となる。かつお節だと、花かつお1袋（80g）が298円。30gで1Lのだしがとれ（＝約112円）、みそ汁1杯あたり約22円となる。合わせだしにすると、約24円。みそ汁は、必ずしも合わせだしである必要はなく、昆布だし単体で作ってもいいし、かつお節単体で作っても、もちろんおいしい。

これが、顆粒だしになると、途端にものすごく安くなる。たとえば、どこのスーパーでも売っている、とあるメジャーな顆粒だしは、1袋（40g）140円程度。1gでみそ汁が作れるので、1杯あたり3・5円となる。

顆粒だしは、安い分、さまざまな原材料を使うことになる。純粋に、かつお節や昆布だけではこの金額ではどこも作れないので、添加物などに頼らざるをえないのが現状だ。

スーパーの棚で1袋650円の昆布を見かけると、「650円あればお肉が買える」とほかの食材と並べて考えてしまいがちだけれど、1袋を一度に使い切るわけではないし、みそ汁1杯まで割って計算してみると、けっして高すぎはしないのではないだろうか。1杯20円ちょっとで、おいしくて体にいいみそ汁が飲める。本物のだしを使うと、塩分も少なくて済むので、将来の健康維持にも役立つはずだ。**「安くはないけど、いうほど高くもない」というのがわたしの思うところだが、いかがだろうか。**

「かつお節や昆布は高い」のではなく、**「顆粒だしが安すぎる」**のではないだろうか。

7 子どもの味覚を育てる

主婦雑誌の仕事で、小さな子どもを持つお母さんたちに、日々の料理について話を聞いていると、だしに関する悩みがとても多い。「だしをとりたくても、なかなかとれない」「自分でとったほうがいいと思いつつ、つい顆粒やだしパックに頼ってしまう」といい、「なぜだしをとれるようになりたいのか」と尋ねると、ほとんどの母親が「子どもの正しい味覚を育てたい」「だしの味がわかる子になってほしい」と答える。また、「安心・安全なものを食べさせたい」という声もとても多い。

以前、20代半ばの女子にこの話をしたところ、「なぜだしをとれないとダメなんですか?」と真顔で聞かれたことがある。「何でそんなに悩んでいるのか、さっぱりわからない」という、そのあまりにもまっすぐな瞳に、「いや、ダメじゃないよぜんぜん……!」と、思わずこちらが答えに窮してしまうほどだった。

20代半ばの健康な人だったら、まだ体に気を遣うこともないだろうし、自分が同じくらいの年の食生活を振り返っても、それはひどいものだった。だしの「だ」の字もない、乱れた食生活。徹夜があたりまえの日々。それでも無理はきくし、倒れることもなかった。

では、なぜ人はだしをとりたいのか。

「三つ子の魂百まで」ということわざがあるが、3歳までの食体験が、一生の味覚を左右するなどといわれる。食育に熱心なお母さんほど、「だしをとらなければ」という思いが強い。昔は「食育」という言葉はほとんど聞かなかったけれど、最近は食の安全に特にうるさい時代ということもあり、「子どもには安心できる食べものを」という思いも強いのだろう。

たしかに、食嗜好の形成には、離乳期や幼少期の体験が重要といわれるが、自分の過去を振り返ってみると、3歳までの食生活はほぼ覚えていない。今、これだけだしが好きで、うま味にときめく日々を送っているが、だしに囲まれて幼少期を過ごしていたかというと、まったくそんなことはない。

札幌の実家に帰省した際、わたしが子どもの頃のだし事情を母にヒアリングすると、このような感じだった。

・うちで使っていただしは、みそ汁用の煮干しのみ。
・蕎麦やうどんのつゆは、道産子におなじみのめんつゆ、「めんみ」オンリー。
・煮物もよく作ったが、だしは入れていない。
・かつお節は、ほうれん草のおひたし（ゆでて醤油をかけるだけ）にかけていたくらい。

で、かつおだしをとったことはない。

・昆布は買ったことがない。もらっても昆布巻きくらいしか作ったことがなく、だしに使ったこともない。

毎晩、翌朝のみそ汁用に、鍋に煮干しを入れて水に浸していた光景はよく覚えているが、煮干しはかつお節ほど香りが立ちのぼることもないので、「毎朝だしの香りで目が覚める」といった記憶はない。

このような具合で、わが家は取り立ててだしや食育に力を入れていたというわけでもないが、毎日のごはんは、「みそ汁、ごはん、おかず」という組み合わせがほとんどだった。現在の東京のように、あらゆる国のグルメが楽しめるような時代でもなかったし、「パスタ」という言葉すらまだ一般的ではなく、スパゲッティといえばおもにナポリタン。サラダも、今人気の、数種類の野菜や肉、ナッツ類などを細かく刻んだ「チョップドサラダ」や、鶏肉やアボカド、ゆで卵、ベーコンなどを使った「コブサラダ」といった洒落たものなどもちろんなく、わが家のサラダは、レタス、キュウリ、トマトにマヨネーズをかけたものだった。

思い返すと、子どもの頃はアボカドなんて見たこともなかったし、スーパーで買える食材も、今よりずっと少なかったのだなと思う。

今「だしをとらなきゃ」と悩んでいるお母さんたちのような、食育に熱心な家庭で育ったわけではないけれど、現在のわたしは、だしの味がちゃんとわかるし、とてもおいしく感じられる味覚の大人になっているので、あまり考えすぎなくてもいいんじゃないかなあ……と、個人的には思うのだ。

香川出身の友人は、「うどんのだしは絶対にいりこじゃなきゃいやだ」といい、大阪の友人にとっては、昆布はとても身近なもので、昆布だしを料理に使うのはもちろんのこと、「ごはんのおともに昆布の佃煮は欠かせない」という。福岡のお正月には、あごだしのお雑煮が欠かせない。

郷土の味が恋しくなるように、幼い頃から慣れ親しんでいる味は、やはり忘れないし、ほっとする。そして、地域に根付いた長年の食文化は、そう簡単に変えられるものでもない。

「だしをとらなくては」と思って本書を手にとった方は、忙しいときは便利なだしパックのお世話になりながら、まずは冷蔵庫に麦茶ポットの昆布だしを常備することから始めてみてはいかがだろうか。鍋に昆布だしをジャーッと注いで火にかけて温め、そのまま飲んでもとてもおいしい。味が足りなければ、塩か醤油を少々。そこに乾燥わかめでも入れれば、立派なお吸い物のできあがり。みそ汁よりも簡単だ。

料理本に出てくる「だし」は、基本的に「かつおと昆布の合わせだし」を指すことが多いが、かつおだしと昆布だしは、それぞれ単体で使っても十分おいしい。2つを合わせると、「うま味の相乗効果」でさらにおいしくなる、というだけのこと。「かつおと昆布の合わせだしが絶対」で、さらに「一番だしでなくてはいけない」というのは、和食の料理人のルールで、プロの世界の話なのだ。

おうちごはんには正解やルールもなく、自分の好きに、自由に作れるのがいいところ。気軽にだしを取り入れてみて、「やっぱり本物のだしで作ると、もっとおいしい！」「顆粒だしで作ったみそ汁とこんなに違うんだ」と感じたら、きっと「またやってみよう」と思うだろう。そして、自然とだし生活を続けたくなるはずだから。

8　心と暮らしを整える

だしの香りは、心からほっとする。かつおだしをとっていると、毎回毎回、自分自身も癒される。なんといっても、部屋中に立ち込める香りがたまらないのだ。

家事や仕事で忙しい人こそ、コーヒーを淹れるように、ドリッパーでだしを淹れてみてほしい。お湯を注いだ瞬間、まるで蕎麦屋にいるかのごとく部屋じゅうにおだしの香りが充満し、「ああ、いいにおい……」と、思わず声がもれるはずだ。**だしをとるという行為自体に、ヒーリング作用でもあるのではないかと思うくらいだ。**

自分でとっただしで料理をすると、確実に「体にいいごはんを作っている」という実感が得られる。これが、わたしにとっては精神衛生的にいい。毎晩残業続きの激務の夫がいるため、せめておうちごはんくらいは、体にいいものを食べてほしいと思っている。昼間はファストフードやコンビニだったとしても、1日1食だけでも、おだしたっぷりの汁物を中心に、「野菜多め、添加物なし」のごはんだと、作ったほうも「ちゃんとしたものを口にしてくれてよかった」という安心感が持てるのだ。

あたりまえのことだけれど、自分の体は、自分で選んだ食べものでできている。外食が多い人ほど、「普段の家での食事こそ、きちんとしたい」「ちゃんとしたものを食べたい」そう思っている人がほとんどではないだろうか。

食べることが、きちんと生きることの根っこにあるということが、頭の片隅にあるのではないだろうか。

「だしをとっている」というと、「ていねいな暮らし、憧れます」とよくいわれる。いや、わたしの暮らしはていねいでもなんでもない。断捨離もできないし、はやりのミニマリストでもない。みそや梅干しを手作りしているわけでもない。ただ、**「きちんとした生活を送りたい」という思いは強い。たとえばそれは、こういうことだ。**

・毎日8時間寝る
・ストレスを排除する
・好きなものだけと暮らす
・なるべく体にいいものを食べたい

特に強くいいたかったのは最後の項目で、**体にいいものを食べたい。けれど、凝った料理は作れない。料理が得意ではないからこそ、だしが強い味方になってくれるのだ。**

かつてのわたしは料理が全然好きではなく、「やらなきゃいけないからやる」「外食よりも安上がりだから作る」という感じだった。自炊歴20余年、今ではようやく苦ではなくなってきて、たまに「お、料理ってちょっと楽しいかも」と思えるようになってきた。

もともと体は丈夫なほうだけれど、だし生活がきっかけで、「体にいいことをしている」という実感が持てている。その実感が、「自分の軸を持って、きちんと暮らしている」ということにつながっているように思う。

だしさえあれば、なんとかなる。

さて、だんだん精神論のようになってきたので、そろそろこの辺で（笑）。

楽しくておいしいだし生活、ぜひ、ご一緒に！

かつお節と昆布の選び方

【かつお節】

スーパーの店頭にずらりと並ぶ、かつお節と昆布。たくさんありすぎて違いがわからず、「何を選んだらいいのかわからない」という人も多いのではないだろうか。

スーパーで売られているかつお節のパックは、大きくわけて2種類ある。カビがついているか、ついていないかの違いで、ざっくりいうと、カビがついているかつお節のほうが、値段が高い。

カビといっても、梅雨時期に風呂場に生えるようなカビとはわけが違う。ここでいうカビとは、かつお節をグッとおいしくして、付加価値をつける、「いいカビ」のことである。

かつおの頭と内臓などを処理し、煮て燻《いぶ》して乾燥させた状態のものを「荒節《あらぶし》」といい、これを削ったものが、いわゆる「花かつお」だ。商品パッケージの裏面に記載されている原材料名には、「かつおのふし」と書かれている。大袋で売られていることが多く、わが家の近所のスーパーだと、大抵80ｇ入り・298円で売られている。

この荒節に、最低2回カビ付けと乾燥を繰り返したものが「枯《か》れ節」で、パッケージの原材料名に「かつおのかれぶし」と書かれているものだ。カビ付けすることで発酵・熟成効果があり、独特のうま味と香りがグッと増す。手間がかかっている分高価になる。

この「枯れ節」のさらに上をいく「本枯《ほんか》れ節」という高級かつお節もあり、これはカビ付け・乾燥の回数をさらに増やしたもので、完成までに半年以上もかかる。それに対して荒節の製造期間は約1カ月。枯れ節が約3カ月。手間と時間がかかるほど価格も上がるのは当然のことで、高級料亭などでは、本枯れ節でだしをとることが多い。

味の違いとしては、枯れ節よりも乾燥度が低い荒節は、より魚っぽさに近い味わい。高価な枯れ節や本枯れ節になるほど、コクとうま味が増していく。

わたしの使い分け方としては、普段使いには、惜しみなく使える「花かつお」（荒節）を愛用している。かつお節も昆布も、量をケチるとほんとうのおいしさがわからないので、たっぷり使える分量と価格のバランスが大事だと感じる。

では、枯れ節や本枯れ節は、どのようなときに使えばいいのか。毎日の料理に使うには、正直ちょっとお高い。

以前かつお節メーカーの方に使い分け方を聞いたところ、「お正月などのお祝いごとや、大切なお客さまのおもてなし料理に」といわれたのだが、そのほかに、たとえば「めちゃくちゃおいしい茶碗蒸しやだし巻き卵を作りたい！」と思い立ったときに使うという考え方はどうだろうか。

だしのうま味がよくわかるシンプルな料理にこそ、いいかつお節を使うと、もっともっとおいしくなる。おだしのきいたおいしい料理を食べると、「やっぱりいいかつお節は違うなあ……」ということが、香りでも味でもわかるようになり、「たまには本枯れ節を買ってみようかな」と思うようになった。

大事なのは、どのかつお節パックも、開封後は冷蔵庫で保存するということ。かつお節は湿気に弱く、開封後は香りが飛び、酸化しやすい。一度に使い切るのが理想だが、余ったら必ず冷蔵庫で保存しよう。

かつてのわたしはこのことを知らなかったうえに、かつお節でだしをとるのは年越し蕎麦とお正月のお雑煮くらいだった。パッケージにも保存方法がしっかり書かれているのに、ひと文字も読まず、1年前に開封したかつお節を常温保存し、翌年再び使うという体たらく。どうりでカッサカサに酸化して、香りも何も、すべて吹っ飛んでいたわけである。思い返してみても、あまりにもひどすぎて、あのときのかつお節に謝りたい気持ちでいっぱいである。

ちなみに、冷奴やおひたしなどに使う小分けのかつお節パックも、もちろんだしとりにも使える。コーヒードリッパーでだしをとるときは、一度に使い切れるこの小分けパックがちょうどいい。4・5g入りの1袋で150ml程度のだしがとれるので、1人分のみそ汁や、鍋のちょい足しにもぴったりだ。ただし、小分けパックは3gや2・5gなど、よく見るとさまざまなサイズがあるので、購入するときは分量のチェックをお忘れなく。

【昆布】

わたしたちが日頃スーパーで見かけるだし用昆布は、羅臼《らうす》、利尻《りしり》、日高《ひだか》、真《ま》昆布の、おもに4種類。見た目はみんな同じような黒い昆布なので、だし生活を始める前のわたしは、この4種類の差がさっぱりわからなかった。値段はずいぶん違うけれど、果たして味にそんなに差があるものなのだろうか。そして、素人にその差がわかるのだろうか。

「わからないから、一番安い昆布を選ぶ」

これが、多くの人の行動パターンではないだろうか。

前作の『だし生活、はじめました。』を執筆中、わたしはこの4種類の昆布で利きだし実験をしてみた。同じ条件でだしをとり、一度に飲み比べてみると、これが明らかに違うのだ。

わたしが一番好きだと思ったのが真昆布で、同じくらいうま味が強かったのが羅臼。すっきりと上品なのが利尻、そして、当時のわたしの舌では、正直あまりだしの味がわからなかったのが日高、という結果だった。

だし生活がすっかり身についた今思うのは、あの頃のわたしの舌は、さまざまな添加物が含まれている顆粒やだしパックにすっかり慣れていたので、しっかりした濃いだしが出る真昆布を、真っ先に「おいしい」と感じたのだろう。そして日高は、だしもとれるのだけれど、柔らかくてすぐ煮えるので、料理に使って食べるほうが向いている。ということも、今ならよくわかる。

昆布の世界はとても奥が深く、同じ真昆布や日高昆布でも、獲れる浜によって値段ががらりと変わり、ハマると抜け出せないくらいおもしろい。少しだけ昆布に詳しくなった今のわたしは、「香深《かふか》浜の利尻昆布」「尾札部《おさつべ》浜の真昆布」など、それぞれの昆布の中で、最高峰クラスの存在もわかるようになり、専門店でそれらの昆布を見かけてはうっとり……。そして、「よし、いつか印税でこの昆布を買うぞ！（フンガー）」と、鼻息荒く己《おのれ》を奮い立たせてくれる存在でもあるのだ。

日高昆布にも、井寒台《いかんたい》浜で獲れる素晴らしい最高峰昆布があるが、そもそも、これらトップクラスの〝すごい昆布〟は、その辺のスーパーには並ばず、昆布専門店に行かないとまずお目にかかれない。昆布は、浜の差以外にも、等級などさまざまな差があり、「だから専門店があるのだなあ……」と思わずにはいられない。こういった昆布業界の複雑な流通事情もあり、多くのスーパーで買えるクラスの昆布で選ぶとすると、初心者にはうま味がはっきりとわかる真昆布か羅臼をおすすめしたいのだ。

だし初心者ほど、わかりやすい濃いだしを最初に体験したほうが、「昆布だしっておいしい！」と即座に思え、「おいしいから続けたくなる」サイクルに突入できると思っている。そして、昆布だしのおいしさを舌や脳で記憶できるようになると、利尻の澄んだおいしさもよくわかると思う。

スーパーで売っているクラスの日高昆布は、食べるのが一番。いい日高は、昆布専門店で教えてもらおう。これが、わたしの結論である。


無事かつお節と昆布を選んだら、まずはそれぞれ単体でだしをとり、かつおだしと昆布だしを、別々にひと口ずつ飲んでみてほしい。

そして次に、2つのだしをミックスしてまたひと口。すると、単体で飲んだときよりも、明らかにうま味が口の中でぶわー！　っとふくらむのを実感できるはず。

これが、かつお節のイノシン酸と昆布のグルタミン酸が合わさることで、うま味が7～8倍も増す「うま味の相乗効果」だ。

最初から「昆布をひと晩水につけ、翌朝火にかけてかつお節を投入し、沈んだら濾《こ》す」という合わせだしに舌が慣れてしまうと、うま味の相乗効果がイマイチ理解できないと思う。相乗効果のすごさとありがたみをわかっていたほうが、だしの素晴らしさが身体中にしみわたり、心の底から理解できると思っているので、だし生活を始める際は、まずはぜひ、この「うま味実験」からスタートすることをおすすめしたい。

二、だし生活を満喫！

ざっくりレシピ

「だしをとったはいいけれど、みそ汁以外の使い道が思いつかない」「使い切れなくて余らせるのがいや」という声をよく聞く。「何にでも使えばいいのになあ」と思うけれど、その「何にでも」が思いつかないという。

難しい料理や複雑なものが作れないわたしは、ごく簡単な料理やシンプルな調理法で、毎日だし生活を満喫している。料理の腕がどれくらいのレベルかというと、「ミキサーは怖いので使わない」(何かのはずみでふたが外れ、中身が床に飛び散ることを常に妄想している)、「フードプロセッサーやブレンダーを持っていない。そもそも使い方がわからない」「洗うのが面倒なので泡立て器を使わない」「オーブンを使うのはグラタンを作るときのみ」という感じだ。ようやく最近、「蒸す」ことを覚えたくらいで、**わが家の料理はほぼフライパンと鍋と魚焼きグリルで完結する。**

わたしのように、料理が決して得意ではないという人にこそ、「だしさえあれば、なんとかなる」ということを、声を大にして伝えたいのだ。

冬の朝は、昆布だしの生姜スープから

一年中、体が冷えないように気をつけている。夏でも冷たいものは極力飲まず、常温で。最近はコンビニでも常温の水やお茶を置いているので助かっている。「冷えは万病のもと」といわれるように、体を冷やしていいことは何もないので、内側からも温めるように心がけている。

冬の朝におすすめなのが、昆布だしの生姜《しょうが》スープだ。生姜の温め効果はすごいもので、摂取すると、すぐに手先や足の指の末端までポカポカになる。

【ざっくりレシピ】❶

昆布だしの生姜スープ

冷蔵庫の麦茶ポット昆布だしを小鍋で温め、すりおろし生姜を入れたマグカップに注ぐだけ。お好みで塩か薄口醤油を少々入れて。

これだけなのに、昆布のうま味と生姜の風味で、一気に料理っぽくなるから不思議

だ。鍋を洗うのが手間なら、マグカップに入れてレンジでチンでもいけるし、生姜をすりおろすのが面倒なら、チューブでももちろんOK。

わたしは、**冬は特によく生姜を使うので、買ってきたら一度に皮ごと全部すりおろし、ラップの上にスプーンで平たくのばして冷凍してしまう。**皮をむくのが面倒なのと、皮の近くがもっとも香りが強くて辛味成分も多いため、安心して皮ごと使える有機栽培の生姜を買うことが多い。板状に凍るので、使いたい分だけパキッと折り、みそ汁やうどん、シチュー、煮込み、紅茶など、何にでも入れてフル活用。薄いのですぐに溶け、スープがぬるくなることもない。以前は1回分ずつラップに包んで冷凍していたが、面倒で続かなかった。板状に凍らせるこの方法は続いているので、自分には合っているようだ。

わが家では、麦茶ポット入りの昆布だしを冷蔵庫に切らさず常備しているので、思い立ったらいつでも作れるのもいいところ。朝の目覚めの一杯に、もちろん、お昼や夜ごはんのお吸い物代わりにも。好みで梅干しを入れ、崩しながら飲んでもおいしい。

週末限定、幸せの和定食

ピカピカの炊きたてごはんに、だしのきいたみそ汁。香ばしい焦げ目のついた焼き魚に、ふわふわのだし巻き卵、ほうれん草のおひたし。こんな、「旅館のような朝ごはん」に憧れを抱いている人も多いのではないだろうか。

忙しい平日にこんなことはとてもできないけれど、わが家では、週末だけとルールを決めて、旅館の朝食風の朝ごはんを楽しんでいる。まずは、1Lのかつおだしをひくことからスタート。水1Lが沸騰したら、かつお節30gを投入。1分経ったらストレーナーで漉す。

最近は、漉すときにキッチンペーパーを使わないことも増えた。底にかつお節の粉がたまるけれど、みそ汁にすると見えなくなるし、別に気にならない。にごらせたくない料理のときは使ったほうがいいけれど、そもそもそんな繊細な料理は作らない。

和食のお店では、より澄んだだしをひくために、目の細かいネル生地で漉したりもするそうだけれど、こちらは家庭料理。おうちごはんでは、省けるところはどんどん簡略化するのだ。

だしをとったら、みそ汁用、おひたし用、だし巻き卵用に分ける。

【ざっくりレシピ】❷
ほうれん草のおひたし
ほうれん草2束をゆで、冷水にとって冷ます。水気をぎゅっとしぼり、5㎝くらいに切る。だし200ml、濃口醬油・みりん各小さじ5（＝大さじ1＋小さじ2）に浸し、1時間ほどおく。

【ざっくりレシピ】❸
だし巻き卵
卵3個を溶き、だし50〜70ml、砂糖大さじ1、薄口醬油小さじ1を加えて混ぜて焼く。

おひたしは、できれば3時間くらいおいたほうが、味がなじんでもっとおいしい。と、わかってはいるけれど、朝ごはんだし、作ったらすぐ食べたい。かといって前日作

るような余裕もないので、なかなか難しいところ。

だし巻き卵は、だしをたっぷり使って「じゅわ〜」っと仕上げたいと思い、分量を変えて何度もチャレンジしてみた。だし巻き卵は、本来は巻きすで巻いて仕上げるものなので、わたしが作っているものは、正しくは「だし入り厚焼き卵」ということになる。巻きすを持っていないため、**卵焼き用の長方形のフライパンと菜箸で、「どれだけだしを増やせば巻けなくなるか」という限界に挑戦した結果、卵3個に最大70 mlという結論に達した。**80 mlになると、もう巻けない。70 mlでもなかなか難しいので、**まずは50 mlからスタート**し、慣れてきたら徐々に増やしていくことをおすすめしたい。

卵を巻く上で、最大のポイントは巻くたびにフライパンに油を塗ること。だし巻き卵は、巻いては卵液を流し入れるという工程を数回繰り返して完成させるが、ちょっと面倒だけれど、キッチンペーパーにサラダ油を含ませておき、巻くたびにフライパンに塗るようにしている。このひと手間で、巻きやすさと焦げつかなさがまったく変わってくるのだ。

みそ汁は、かつおだしだけで作ることもあれば、かつおだしが入っている鍋に冷蔵庫の麦茶ポット昆布だしをジャーッと注いで、合わせだしにすることもある。合わせだしのほうが、うま味の相乗効果でもっとおいしい。

前日から煮干しを水に浸けておいて、煮干しだしで作ることもある。煮干しはあまりおひたしやだし巻き卵には向かない気がするので、それら2品は、コーヒードリッパーでかつおだしをとったり、冷蔵庫の昆布だしで作ったりもする。

たまには贅沢に焼きあごでだしをとり、みそ汁とだし巻き卵に使うこともある。あごだしのだし巻き卵は、かつおだしのそれを上回る極上のおいしさなので、ちょっと高価だけれど、月に一度は作りたいなあと思っている。

このように、だしを変えるだけでも毎回驚きと発見があり、「シンプルな料理こそ、だしでこんなに変わるのだな……」と感動すら覚えるのだ。

普段作るごはんは、ジャンルのよくわからない創作料理が多いわが家だが、こういう**きちんと作った和定食を週に一度でも食べると、和食のよさを再認識する。**一時期、糖質オフブームにのって、ごはんを控えていたことがあるけれど、やっぱり「ごはんっておいしい」「日本人でよかった」と思うようになった。

おだしをきかせた、旅館のような朝ごはん。毎日作るのは無理でも、まずは週に一度から。いつ食べても間違いなくおいしいし、順を追っていねいに作ることで、心も整うような気がする。
家族と会話を楽しみながらおいしくいただくことで、きっと豊かな気持ちになれるはずだ。

具なしでも満足、だしむすび

だしがきいていれば、なんでもおいしくなると思っている。だしのきいたおにぎりも、絶対おいしいだろうなあと思い、試しにやってみた。以前、何かのテレビ番組で「コンビニのおにぎりは塩を入れて炊いている」と紹介されていたのを見て、「ああ、だから塩味が均一なのか」と納得したことを思い出し、最初から塩も入れてみることに。

【ざっくりレシピ】❹
だしむすび

——米2合に昆布だし400ml、塩小さじ1弱を入れ、30分ほど浸水させたら普通に炊く。炊けたら10分蒸らし、ふんわりとにぎる。

うん、これはおいしい！　昆布のうま味にほんのりとした塩味。海苔《のり》がほんとうによく合う。しっかり味が好きな人は、塩を多めに入れて調整を。具がなくても十分満足で、だしがきいている分、濃い味の具はあまり入れたくなくなるくらいだ。

最初から塩が入っていると、にぎるときに手に塩をつけなくていいのもラクでいいと思った。わが家は弁当生活ではないので、おにぎりを作ることはあまりないのだけれど、このだしむすびが食べたくてたまに作っている。仕事に行く夫に持たせたところ、「いやー、今日のおにぎりうまかった！」と、だしの威力に感心しており、具なしでも満足だったようだ。

だし生活を始めてからというもの、「だしのおいしさがより引き立つ調味料は、塩と醤油だ」と改めて思うようになり、これらの調味料を買う頻度が増えた。

特に塩は、日頃から数種類常備して気分で使い分けているのだけれど、こういうシンプルなおにぎりこそ味の違いがよくわかる。五章のあごだし取材で行った長崎県の上五島《かみごとう》でみつけた「とっぺん塩」と昆布だしで炊いたごはんでにぎると、とてもおいしい。五島の特産品でもある塩は、土産物店でもたくさんの種類が並び、正直パッケージを見ただけでは違いがわからない。地元のお寿司屋さんで使っていた塩が「とっぺん塩」で、店主が「この塩が一番うまい」といっていたので買ってみたのだけれど、釜炊きを一切せず、天日干しだけで作るという貴重な塩で、非常に手間がかかるという。

これまでは、「塩は、別になんでもいいや」と特にこだわりもなく、かといって「一番安い精製塩もなんだしなあ……」と、スーパーでもまん中くらいの価格の天然塩を買うことが多かったのだけれど、こういうおいしい塩に出会うと、「手間をかけて作られたまっとうな食べものは、やっぱり違う」ということに気づかされる。

そして、こういった**味の違いがわかるようになったのも、だし生活で舌が敏感になったからなのかも**、と思うのであった。

香りもごちそう、だし炊きごはん

もうひとつ、ごはんネタ。わが家は、ごはんを毎日炊くことはなく、いつも2〜3合をまとめて炊いて、あまったら1食分ずつ小分けにして冷凍している。だしを多めにとったらたまに作るのが、このだし炊きごはんだ。

おすすめのだしは、かつおだし。昆布と合わせだしにすると、うま味の相乗効果でさらに美味。煮干しだしでもおいしく炊ける。

【ざっくりレシピ】❺
だし炊きごはん

米2合にだし400ml、醤油大さじ1を入れ、30分ほど浸水させたら普通に炊く。

わが家はル・クルーゼのお鍋でごはんを炊いているのだけれど、ふたをあけるとふわりとだしの香りが立ちのぼり、それだけで幸せな気持ちになれる。醤油が香ばしくて、何杯でも食べられそうなくらいおいしい。

ほんとうに、だしと醤油はよく合うなあ……。

おにぎりにしても、間違いなくおいしい。だしと醤油という黄金の組み合わせの、この安定感たるや。日本人ならきっと誰もが好きな味ではないだろうか。

自家製だし醤油

旅行や取材で地方に行くと、その町の市場や「道の駅」、スーパーに立ち寄るのが大好きだ。地元ならではの食材や調味料をみつけると、つい買い込んでしまう。東京の銀《ぎん》座《ざ》や有楽町《ゆうらくちょう》には、北海道から沖縄まで、各都道府県の物産館が集まっており、はしごするのも楽しい。

以前、取材で高知に行った際に見かけて気になっていたのが、ガラス瓶に昆布やかつお節などが入っただし醤油のもと。自分で醤油を注いで完成させるというもので、「うちでも似たようなものが作れるかも」と、さっそく試してみた。

【ざっくりレシピ】❻

自家製だし醤油

家にある空き瓶をきれいに洗って乾かし、かつお節20gと昆布ひとかけを入れる。

醤油100mlを注ぎ、冷蔵庫で2、3日おいたらできあがり。

わたしは食べ終わったジャムの瓶を使用。そのまま注げるタイプの瓶のほうがもちろん使いやすいけれど、とりあえずうちにあるものですぐに試してみたかったのだ。

待つこと2日。わくわくしながら瓶を開け、スプーンですくってなめてみると、おお、しっかりだし醤油になっている……！

かつお節と昆布のだしが醤油に溶け込んで、まろやかなだし醤油の完成。卵かけごはんや冷奴、お刺身、炒飯《チャーハン》など、いつもの醤油と同じように使えて、さまざまな料理にうま味をプラス。唐辛子を入れてピリ辛醤油にしたり、干し椎茸や干し貝柱などで作ったりしてもおいしそうだ。

ちょっといいかつお節や厚削り、昆布を手に入れたら、だしをとる前に少しだけよけておいて、だし醤油にするのもいいかもしれないと思った。するめなど、どんな味になるのか想像がつかない乾物で試す場合は、小さな瓶でちょこっとだけお試しで作ってみるといいと思う。

かんたん自家製だし醤油は、わが家ですっかり定番の調味料となり、日々のごはんで活躍している。

うま味を重ねる、贅沢だし

かつおだしは、立ちのぼる香りもごちそうのひとつだと思っているので、引き立てにこだわっている。水出しのやり方も見たことがあるけれど、わたしはいつも、鍋かコーヒードリッパーを使い、熱湯でその都度使う分をとっている。一方、かつお節以外のだしは、ほぼ水出し。わが家の冷蔵庫に常備しているのは昆布だしで、気分や冷蔵庫の空き具合によっては、煮干しだしと干し椎茸だしを仕込むこともある。

そして、これら3つを最初から一緒に浸け込むこともある。

それが、**昆布のグルタミン酸×煮干しのイノシン酸×干し椎茸のグアニル酸という3**

つのうま味をかけあわせた、「贅沢だし」だ。

【ざっくりレシピ】❼
贅沢だし
水1Lに昆布10g、煮干し5尾、干し椎茸2個を入れ、1〜2晩おく。

昆布のグルタミン酸、煮干しのイノシン酸、干し椎茸のグアニル酸。3つのうま味が合わさり、うま味の相乗効果でそれはそれはおいしいおだしのできあがり。
みそ汁や煮物に使ってももちろんいいのだけれど、ぜひおすすめなのが、寄せ鍋のつゆ。「昆布を1枚入れて具を煮込み、ポン酢で食べる」鍋とは、ひと味もふた味も違う、奥深い味わいが楽しめる。

【ざっくりレシピ】❽
贅沢だしでつくる寄せ鍋
贅沢だし4カップ、酒、みりん各大さじ2、薄口醤油50mlを煮立たせ、好きな具材を煮込む。

うま味の多い具材を入れるともっとおいしくなるので、わたしは豚肉や鶏肉などのほか、白菜ときのこも必ず入れている。

今、スーパーには袋入りの鍋つゆがたくさん並んでいるけれど、自分でとっただしで作ったほうがおいしいし、本物の〝無添加鍋〟が作れる。そして何より、重いつゆを持ち帰らなくて済む。あの鍋つゆとワイン、牛乳、ヨーグルトをいっぺんに買うと、なかなかの重さになる。ここにじゃがいもや玉ねぎまで入ろうものならもう大変……。

それにしても、ごま豆乳鍋や担々鍋など、「よくこんなつゆを思いつくなあ」「そういう組み合わせがあったか!」などと、感心しながらスーパーで眺めつつ、家に帰って真似して作ってみるのも、なかなか楽しいものである。

基本的に、「**だしとだしを合わせてまずくなることはない**」と思っているので、「昆布と干し貝柱」「かつお節と干し椎茸」など、実験のようにいろんなだしをミックスして楽しんでいるけれど、「これはまずい」と感じたことは今のところない。

うま味が倍増する「グルタミン酸×イノシン酸」「グルタミン酸×グアニル酸」という2つの組み合わせだけを覚えておけば、あとはそのときに家にあるだしや食材を組み合わせることで、簡単な料理でも確実においしくなるはずだ。

ちなみに、この「贅沢だし」で「だし炊きごはん」(68ページ)を作ってもとてもおいしいので、ぜひお試しを。

インスタントラーメンを昆布だしで

前作『だし生活、はじめました。』で、「チキンラーメンを昆布だしで作ってみたところ、めちゃくちゃおいしくなって驚いた」という話を書いたのだが、これがとても反響が大きかった。

以前、TBSラジオ「ジェーン・スー　生活は踊る」という番組にゲスト出演した際、事前に打ち合わせでパーソナリティーのコラムニスト、ジェーン・スーさんと小倉《おぐら》弘子《ひろこ》アナウンサーに、「昆布だしのチキンラーメンを試食させたい」という流れになり、昆布だしを持参してスタジオで作ることになったのだ。といっても、チキンラーメンに沸騰させた昆布だしを注ぐだけなのだが。

食べ比べ用に、通常通り作ったチキンラーメンと、昆布だしで作ったものと、2種類用意。まず、通常版を食べたスーさんは、「うん、おいしい。いつもの味」。小倉アナも、「これこれ。食べ慣れた味」という感想。

その後、昆布だし版を食べてもらったところ、口にした瞬間、2人とも大興奮。「ぜんぜん違うー!!」「こんなに変わるんだ!!」と、予想以上の反応で、オンエア中ずっとズルズルいわせながら完食。**「スタジオの狭いキッチンで昆布だしを沸かした甲斐《かい》があった」**と、わたしまでうれしくなってしまった。

なぜこんなに味が変わったのかというと、チキンラーメンは、「元祖鶏ガラ」とパッケージで大きくうたっている通り、鶏ガラスープが主体のインスタントラーメンだ。鶏ガラのうま味はイノシン酸。そこに、昆布のグルタミン酸が合わさることにより、うま味の相乗効果で7~8倍もうま味がアップする。明らかに味が変わり、そのままでも十分おいしいチキンラーメンが、さらにグッとおいしくなるのだ。

この実験がおもしろかったので、市販のインスタントラーメンをかき集め、片っ端から昆布だしで作ってみることにした。気になったことは、やらずにはいられない性分なもので。

条件は2つ。昆布だしのうま味がわかりやすい、醬油ラーメンを使うこと。

みそや豚骨だと、味が強すぎて昆布の風味がかき消されてしまうからだ。塩ラーメンでもいいけれど、わたしは子どもの頃からなぜか塩ラーメンがあまり好きではなく、ラーメン屋でもほとんど頼まない。かつお節や昆布、鶏ガラ、煮干し、豚骨、魚介などなど、さまざまなだしを組み合わせ、何時間もかけて珠玉の一杯を作り上げる大変さを何も知らなかった幼少の頃、だしの奥深さも知らずに「塩しか使わないなんて損した気分になる」という、ケチくさい上に、大いに間違った思い込みが刷り込まれてしまったのだ。地元北海道のラーメン屋は、たいていみそ・塩・醬油の基本3味を揃えているということもあり、わたしは醬油かみそしか頼んだことがない。初めて塩ラーメンを注文したのは、ほんの数年前のことだ。そんな実体験と自分の好みで、今回はすべて醬油ラーメンで揃えた。

もうひとつは、どこのスーパーでも買える商品であること。

最近は、スーパーでも愛知の「キリマルラーメン」や九州の「マルタイラーメン」などなど、ご当地袋麵も入手しやすくなってはいるけれど、今回は、多くの人になじみ深いメジャーな袋麵で試してみることにした。揃えたのは次の5種類。すべて醬油だ。

明星食品「チャルメラ」……ホタテや豚骨のうま味に、貝エキスなどを使用。

サンヨー食品「サッポロ一番」……子どもの頃に最も食べていた袋麵。チキンエキスにガーリックなど。別添えのスパイス入り。

東洋水産「マルちゃん正麵」……本格的な麵がウリ。鶏ガラと香味野菜、ポークエキスなど。

日清食品「出前一丁」……ポークエキスがメイン。1食あたりごま約1000粒分のセサミン（10㎎）入りの、「ごまラー油」が特徴。

日清食品「チキンラーメン」……元祖鶏ガラ。世界初のインスタントラーメン。

チキンラーメンに比べてどれだけの変化があるかを確認するため、今回も同製品を用意。通常通り作ったものと、昆布だしで作ったものを食べ比べる。どの製品にも、イノシン酸を含むポークやチキンエキスが入っているので、昆布のグルタミン酸に反応するのは間違いない。

それぞれ食べ比べてみた結果、**やはり一番変化がわかるのはチキンラーメンだった。**ほかの製品に比べてチキンエキスの含有量が多いのか、うま味が飛躍するのがよくわかる。たしかに、どのラーメンも昆布のうま味でスープがまろやかに、よりマイルドになるのはわかる。いわゆる「角が取れる」という感じだ。

ホタテや豚骨、貝エキスを使っている「チャルメラ」は、もともとのうま味が複雑すぎるのか、大きな変化はわからず。

「サッポロ一番」は、チキンエキスがベースではあるものの、ガーリックや生姜などの香味野菜の風味が強いのと、別添えのスパイスでけっこうスパイシーになるため、じんわりやさしい昆布だしでは歯が立たないのかもしれない。

同じくチキンエキスを含む「マルちゃん正麺」は、チキンラーメンの次にうま味の飛躍を感じる。ポークエキスよりも、チキンエキスのほうが、昆布のグルタミン酸との相乗効果がわかりやすいのだろうか。

セサミンパワーの「出前一丁」は、たっぷりのごまに加えてラー油もきいているため、昆布だしが負けてしまうようだ。

改めて感想を書いてみて思ったが、1958年に誕生した、世界初のインスタントラーメンであるチキンラーメンは、約60年前に生まれた元祖だけに、作りがシンプルなのかもしれない。同製品の公式サイトによると、「フランス、中国どこの料理先進国でもスープの基本はチキン。あっさりでくせがなく、みんなに愛されるチキン味でいこう」と、開発者の安藤百福《あんどうももふく》は最初から決めていたという。

ほかのラーメンと比べて、「チキン味」という、いい意味でシンプルな味だからこそ、昆布だしのグルタミン酸とのうま味の相乗効果がわかりやすいのだろう。

連日インスタントラーメンを食べ続け、「いったいわたしは何をしているのだろう」とも思ったが、とりあえず、**「昆布だしでインスタントラーメンを作るとグレードアップする」「特にチキンラーメンと昆布だしの相性は抜群です！」**ということである。

袋麺のほか、もちろんカップラーメンでも応用可能。かつおだしで作ると、はっきりとした〝だし感〟が加わり、より和風な味になる。だしをまとめてとってあまっているときなど、よろしければどうぞお試しあれ。

〝だしじゃが〟は、ぜひ男爵で

自宅が仕事場でもあるわたしは、スープや煮込み料理を作りながら原稿を書くのが好きだ。ル・クルーゼの黒いココット・ロンドで、今日も朝から弱火でコトコト……。

と、ていねいな暮らし風を装ってみたが、違う。部屋が寒いのである。暖をとる方法がパネルヒーターしかなく、鍋を火にかけていれば、部屋がじんわりと温まる。エアコンをつければいいのだが、電気代がかさむし、乾燥するのでなるべく使いたくない。というわけで、寒いので「そうだ、大根を煮よう」といった感じだ。

そんなある日、「だしでじゃがいもを煮て、極限までだしを含ませてみたらどうだろう」と思い立った。ちょうどじゃがいもの在庫を切らしていたこともあり、さっそくスーパーに買いに行った。

今、じゃがいものバリエーションたるや、ものすごいことになっている。昔は、「男《だん》爵薯《しゃくいも》」と「メークイン」くらいしか店頭で見かけなかったけれど、15年くらい前から、栗のように甘い「インカのめざめ」をよく見かけるようになった。「最近はこんなじゃがいもができたんだ」と思っていたら、あれよあれよという間に「マチルダ」だの「シンシア」だの「スノーマーチ」だの「シャドークイーン」だの、外国の女の子か馬の名前かといったものまで、続々と新種が登場している。
「だしじゃが」には、煮くずれしにくい「メークイン」や、甘みの強い「インカのめざめ」などよりも、昔ながらの「男爵薯」のほうがきっと合うと予想。煮くずれしやすいという特徴をあえて生かし、さっそく作ってみた。

【ざっくりレシピ】❾
だしじゃが
じゃがいもを大きめに切り、ひたひたのかつおだしと塩少々で煮る。じゃがいも（中サイズ）3個に、小さじ1／2程度。じゃがいもが煮くずれてきて、汁気がなくなったらできあがり。

これはもう、うまいに決まっている。芯までたっぷりとだしがしみ込み、くずれた部分がじゃがいも本体にまとわりつく。このほっくり、かつどろりとした食感は、煮くずれしやすい男爵だからこそなせる技。おでんのじゃがいもをほろりとくずしたような感じで、シンプルな塩味とかつおだしのうま味が最高に合う。だしじゃがは、昆布だしよりもかつおだしのほうが、だしのおいしさを存分に味わえると思う。

最初、「だしと塩だけでじゃがいもを煮たらどうかな」といってみたところ、「そんなの、ただの塩ゆでや粉ふきいもとたいして変わらないよ」とピシャリといい放った夫も、完成しただしじゃがを口に入れた瞬間、「……う、うめぇ！」と驚愕していた。「ほれ見たことか」である。**だしの力をなめるな。**

熱々をすぐに食べても十分おいしいけれど、翌日はさらに落ち着いてもっとおいしい。塩味のポテトチップスが飽きないように、だしと塩だけで煮込んだじゃがいもは、子どもから大人まで万人受けする味わいで、だしの威力がよくわかる。北海道産のおいしい男爵薯が出回る時期に、毎年繰り返し作りたくなる一品となった。

肉やにんじんなどが入る肉じゃがではなく、じゃがいものみという潔《いさぎよ》いだしじゃがで、うま味たっぷりのほっくり感をぜひ味わってみてほしい。

毎日飽きない、だしスープ

だし生活を始めてから、だしベースのスープがわが家の定番となっている。「ザ・和食」という気分の日はみそ汁を作りたくなるけれど、たとえばお昼ごはんの汁物や、いつも帰りの遅い激務の夫の〝終電ごはん〟を作るときなどは、みそを溶く手間のないだしスープのほうがラクなのでよく作る。どれだけ簡単かというと、こんな感じだ。

【ざっくりレシピ】⑩
だしスープ
冷蔵庫の麦茶ポット昆布だしを鍋で温め、具材を入れて煮る。薄口醤油で味を調えてできあがり。

これだけ。具材はそのときに冷蔵庫や冷凍庫にあるもので。**ポイントは冷凍庫を充実させておくこと**。住宅街にあるわが家は、スーパーが近くにないこともあり、食材は基本的に週に一度、生協の宅配に頼っている。野菜や肉が足りなくなったら、スーパーに

買い足しに行く。

宅配を始めた10年前は、1週間にどれくらいの量を頼めばいいのか見当もつかず、「1週間分の献立を考えてから発注する」という料理の腕もなかったので、そのときにカタログに載っている旬の食材を適当に頼んでいた。毎週注文しているうちに、「冷蔵庫と冷凍庫にあるもので何か作る」ことのコツがつかめてきて、特に、「冷凍庫の中を充実させておけば、買い物に行けなくても数日は食いっぱぐれない」ということもわかってきた。おそらく、1週間は余裕でなんとかなると思う。

というのも、わが家は最寄駅から徒歩約30分と遠く、近所には飲食店が何もない。コンビニまでもちょっと歩くので、雨の日は行きたくない。となると、常に家の中に、何かしらの食材や食べもののストックがないとどうしようもないということになる。

以前、主婦雑誌の節約企画を担当した際、「**冷蔵庫は詰め込みすぎず、逆に、冷凍庫はパンパンに入っていたほうが電気代を節約できる**」と専門家からいわれたこともあり、以来、冷凍庫には隙間がないくらい食材をストックしている。パンパンに詰め込むことで、凍った食品同士がお互いに冷やし合い、節電につながるというわけである。ちなみに、今の冷凍庫の中身はこんな感じだ。

鮭、ほっけ、鶏もも肉唐揚げ用、鶏ささみ、鶏むね肉、鶏ひき肉、豚バラしゃぶしゃぶ用、カットベーコン、明太子、釜揚げしらす、むきエビ、ゆでたこ、いか（内臓処理済み）、しじみ、あさり（ともに砂抜き済み）、ゆでかぼちゃ、カットほうれん草、ブロッコリー、ささがきごぼう、揚げなす、冷凍うどん、ごはん（1パックずつ冷凍）、めかぶ、ミックスチーズ、とろろ

これらは、わが家の冷凍庫のレギュラーメンバーで、常に入っている。

ちなみに、**だしは冷凍しない**。理由は、どの料理人や料理研究家に聞いても、皆「だしは冷凍できるけれど、風味も味も落ちるので自分はしない。ないよりましという程度」と口を揃えるからだ。彼らのこの生の声で、わたしは「冷蔵庫には、1週間持つ麦茶ポットの昆布だしを常備。日持ちしないかつおだしは、ドリッパーか鍋でその都度とる」というライフスタイルに行き着いたのだ。

常備菜やカレー、シチューなどを多めに作って冷凍、ということもしない。なぜなら、保存袋に入れるときに絶対こぼしてイライラするからである。絶対に袋のふちにつ

くし、こぼれずきれいに入れられたためしがない。

ちなみに、冷蔵庫には卵、豆腐、納豆、きのこ類、旬の野菜を常備。これらの冷蔵・冷凍食材を組み合わせて、だしスープを作っている。たとえば、こんな具だ。

かきたま
揚げなす＋きのこ
白菜＋きのこ＋油あげ
豆腐＋鶏もも肉
鶏ひき肉＋ほうれん草
あさり＋小ネギ
ベーコン＋白菜
トマト＋卵

さまざまな具材と相性がいいので、**組み合わせは無限だが、味付けはいつも一緒。薄口醬油をひとたらしだけ。**具材からもだしが出るので、同じ味付けでもまったく同じスープにはならない。寒い季節になると、片栗粉でとろみをつけることもある。

どんなときでも必ず作れるのが、いつでも絶対冷蔵庫に入っている卵ひとつでできるかきたまスープで、時間がないときのお昼は、「納豆ごはんとかきたまスープ」ということもよくある。それでも、「カップラーメンで済ませるよりは体にいいだろう」と思うのと、何よりまったく飽きないのがすごい。「だしは、砂糖や油と同様にやみつきになる」ということは、こういうことなんだなあ……と、身をもって感じている。

まろやかなおいしさ。かつおだしのクリームスープ

秋も深まってくると、温かいシチューやスープをよく作る。気温が高い時期の東京は、料理が傷むのがほんとうに早く、朝作った煮込み料理をうっかりガスコンロに出しっぱなしにしていたら、昼にはもう糸を引いてダメになっていたことがある。初秋もまだ気温が高いのでまったく油断ができず、特に牛乳を使った料理は、寒くならないと作る気にならないのだ。

通常、水と牛乳で作るクリームスープも、実はかつおだしと相性抜群。ふんわりとか

つおだしが香り、まったく違和感のないおいしさだ。作り方は、水をかつおだしに置き換えるだけ。「台風だし、家で原稿書きながらスープでも作るか」と、たった今作った「さつまいもと大豆のもち麦クリームスープ」だと、こんな感じだ。

【ざっくりレシピ】⓫
さつまいもと大豆のもち麦クリームスープ
かつおだしを火にかけ、角切りにしたさつまいもを煮る。柔らかくなったらシチューのルウを入れて溶かし、蒸し大豆と蒸しもち麦を加える。仕上げに牛乳を入れてできあがり。

かつおだし600mlに対し、仕上げの牛乳は100ml程度。生クリームを入れるとさらにクリーミーな仕上がりになるだろう。入れたことないけど。もっと具だくさんにして水分を減らし、シチューにしてももちろんおいしい。

ちなみに、栄養をプラスしようと、普段から大豆の水煮缶をよくカレーやシチューに入れるのだけれど、最近、「蒸し大豆のほうがほくほくしてよりおいしい」ということを知り、すっかり蒸し大豆派になった。もち麦も、最初から蒸してあるものだとそのままスープに入れられて便利で、もっちりプチプチした食感が、クリーミーなスープともよく合う。よく噛《か》んで食べると、パンを添えなくても、スープひとつでおなかも満足できそうだ。

まさかのおいしさ。だし巻き卵風フレンチトースト

だし生活を始めて以来、わが家は米の消費量がぐっと増えた。だしにはやはりごはんがよく合うので、だし生活以前に比べて頻繁に炊くようになったのだ。そこでふと、こんなことが気になった。**「小麦とだしって合うのだろうか」**と。

つまり、パンとだしは合うのだろうか。そういえば、前にどこかのカフェで、甘くないパンケーキを食べたことがある。食事用のフレンチトーストも見たことがある……ということを立て続けに思い出した。通常のフレンチトーストは、卵と牛乳、砂糖などで卵液を作り、パンにしみ込ませて焼く。

ならば、**「牛乳の代わりにだしで卵液を作れば、だし巻き卵みたいなフレンチトース**

トになるのでは」と思ったのだ。
そう思ったら、やらずにはおれん性格なもので、さっそくパンを買いに行く。いきなりバゲットはハードルが高いので（失敗したらもったいない……）、まずは無難に手頃な食パンで挑戦。

【ざっくりレシピ】⑫
だし巻き卵風フレンチトースト
卵2個、かつおだし100ml、薄口醤油・みりん各小さじ1を混ぜて卵液を作る。厚切り食パン（4枚切り）1枚を半分に切り、卵液に浸す。フライパンにバターを熱し、両面をこんがりと焼く。

ああ、いい匂い……。かつおだしの香りも〝幸せの香り〟だけど、バターがふわりと香るフレンチトーストも、負けず劣らず〝幸せの香り〟だなあ……などと思いながら、両面をじっくりと焼いていく。幅のある厚切り食パンだったので、耳も忘れずに立てて焼く。いい感じの焦げ目がついたところで皿に盛りつけ、熱々をいただく。

……こ、これは、想像以上にだし巻き卵だ（笑）。それも、この上なくふわふわな。

味付けは卵液の薄口醤油とみりんのみで、だし巻き卵の味付けそのもの。パンにはたっぷりのだしがきいた卵液が芯までしみ込んで、ずっしり重い。牛乳や砂糖を使っていないので甘さはなく、こんがり焼き上げるとあっさりふわっふわで、通常のフレンチトーストよりも軽めの仕上がり。まったく違和感がないどころか、とてもおいしい。パンの上にハムととろけるチーズをのせ、ふたをしてとろりとさせても絶対に合うはず。クロックムッシュ風で、白ワインが進みそうだ。

今回はかつおだしで作ってみたけれど、昆布だしでもおいしく作れると思う。かつお節ほどだし感はあまり主張せず、うま味のあるフレンチトースト、という感じになるのではないだろうか。

パンとだしも、違和感なく合うことは発見だった。このだし巻き卵風フレンチトーストに、昆布だしで作ったコーンスープを添えた、和風なのか洋風なのかわからない朝食も、なかなか気に入っている。

極上のうま味を堪能。あごだし湯豆腐

上品なうま味とコク、そして、煮干しのような魚臭さが少ないあごだしは、近年大人気だ。あごだしパックではなく、焼きあごからとった本物のあごだしは、ひと味もふた味も違う。**そんなだしのおいしさをストレートに堪能《たんのう》できるのが、湯豆腐だ。思わずスープを飲み干したくなるおいしさで、これはもう、だしが主役といってもいいくらいだ。**

通常の湯豆腐は、水に昆布を1枚入れて火にかけ、豆腐を温め、ポン酢で食べる。あごだし湯豆腐は、ポン酢で食べるのがもったいないと思い、最初から味付けして、スープごといただくスタイルにした。

【ざっくりレシピ】⑬

あごだし湯豆腐

水1Lに焼きあご5～6本を入れ、冷蔵庫で一晩おく。土鍋に移して火にかけ、煮立ったらあごを取り出す。酒と薄口醤油で味付けし、鶏もも肉、豆腐、しめじを入

れる。

あごだしに、鶏としめじのうま味も加わり、これはもう、えも言われぬうまさ……！

昆布だし＋ポン酢の湯豆腐とはまったくの別物で、とてもおいしい。かつおや煮干しだしで作ってもこの味にはならず、やはりあごならではのうま味なのだ。

鍋の締めは、「とろとろ卵雑炊」をぜひどうぞ。鶏ときのこのうま味が溶け込んだあごだしで、ごはんをコトコト。仕上げに溶き卵を流し入れ、小口ネギをぱらり。これがもう、悶絶《もんぜつ》級のうまさで、完全に料亭の味。だしが足りなければ、冷蔵庫の昆布だしをプラス。うま味の相乗効果でさらにおいしくなり、感動すら覚えるレベルだ。

焼きあごのうま味を余すところなく堪能でき、「雑炊オブ・ザ・イヤー」があったならば、確実に優勝するであろう。

あまりのおいしさに、土鍋がきれいに空っぽになった。

焼きあごは、普通のスーパーではなかなか見かけないけれど、大きめの乾物屋や高級スーパーで取り扱っているところもあるので、みつけたら迷わず入手して、ぜひ試してみてほしい。

現在、あご入りのだしパックが大ブームで、たくさん市販されているけれど、ぜひ、本場流に焼きあごからだしをとり、本物のあごだしのおいしさを体感してみてほしい。どのだしとも違う味わいで、「こんなにおいしいだしがあるなんて」と、きっと感動することと思う。

極上のあごだし湯豆腐、食べ終わったそばから、「また近々作ろう」と心に誓ったのであった。

特売肉が極上肉に。鶏もも肉の昆布締め

昆布水を広めた大阪の昆布問屋「天満大阪昆布」を訪れた際、喜多條清光社長に教わった、お肉の昆布締め。

昆布締めと聞いて、わたしがパッと思いつくのは白身魚のお刺身で、和食屋さんで何度か食べたことがある。水分が抜けて身がしまり、昆布のうま味と風味が移った刺身

は、ややねっとりとした食感でとてもおいしい。
そんな昆布締めが肉でもできるとは……！　そもそも、昆布締めを家でやってみようと考えたこともないし、魚以外でできるとも思っていなかった。聞いただけでもおいしそうなので、さっそくやってみた。

【ざっくりレシピ】⑭
鶏もも肉の昆布締め
鶏肉や豚肉を、乾いた昆布に挟んでラップで包み、2日以上冷蔵庫で寝かすだけ。食べるときは、フライパンで焼くなど必ず火を通す。

お肉はなんでもOK。北海道出身のわたしは、幼少の頃から豚肉と鶏肉文化で育っており、自分で牛肉を買ったことはほとんどない。「牛肉は外で食べるもの」という意識が強く、あまり身近な食材ではないのだ。
今回は、スーパーで買った国産鶏もも肉で昆布締めに挑戦。特に銘柄鶏というわけではなく、国産としか書いていない、1パック276円のものだ。家にあった真昆布で鶏肉を挟み、鶏の水分を昆布が吸って、しんなりしてきたところをラップでピチッと包む。早く食べたかったので、寝かせたのは2日間。

ソテーしてお昼に食べようと思い、まずは室温に戻しておく。以前、おいしいステーキの焼き方を調べていたときに、「肉を室温に戻すことで、外側と内側の温度差がなくなり、火が均一に通る」と知ってから、調理する30分から1時間くらい前には冷蔵庫から出し、必ず室温に戻して焼くようになった。

フライパンを熱し、油を少々ひいて、鶏もも肉を皮目から焼く。このとき、「肉プレス」や「肉おさえ」などと呼ばれる、いわゆる重しをのせて焼くことで、肉がそり返らず、皮がパリッと仕上がる。ただ、わが家は頻繁に肉のソテーを焼くわけではないので、家にあるル・クルーゼの小さな鍋のふたをのせて焼いたら、思いのほかちょうどよかった。鋳物《いもの》なので、なかなかの重さなのだ。

焼いている最中に、鶏皮からかなりの油が出てくるのでキッチンペーパーで吸い取ろう。でも、今思えばスプーンですくって小皿に取っておき、後から炒飯などに使うと鶏のうま味や風味が移っておいしかったかも……。「これはいわゆる鶏油《チーユ》じゃないか！」と気づいたのは、全部吸い取った後であった……。次はスプーンですくうぞ。

重しのおかげで、皮は見事にパリパリのカリカリ。味付けはなしで、ほんとうに焼いただけ。肉の横に、塩と柚子胡椒《ゆずごしょう》を添え、いざ実食。

う、うまい……。とても276円のお肉とは思えない。昆布のうま味がしっかり移っているので、このままでも十分おいしい。柚子胡椒もよく合うし、山椒なんかも合いそうだ。

想像以上のおいしさに、思わずごはんが進む。とてもおいしいので、これは頻繁にやりたいかも……。と思ったのだけれど、問題は昆布のお値段だ。肉締めに使うには、それなりの長さと幅が必要で、決して安くはない。肉1枚にこれだけの量を使うのかと思ってしまうと、だしを1Lとるほうを優先させるだろう。

そこでいい方法を思いついた。昆布粉だ。

昆布粉とは、その名の通り昆布を粉状に粉砕したもので、乾物屋や昆布屋でよく見かける。スーパーでもたまに売っているけれど、成分表示を見て、原材料が昆布のみのものを選ぶようにしよう。添加物が含まれているものや、いわゆる「昆布茶」は、昆布締めには適さない。

やり方は同じで、肉の両面に昆布粉をまんべんなくまぶし、ラップで包むだけ。肉の表面についた昆布粉は、しんなりするので取れないけれど、昆布が好きなわたしは気にせずにそのままソテー。見た目はやや緑っぽくはなるけれど、焼き目がつけば気にならない程度だ。

食べてみると、ちゃんと昆布締めになっている。これは手軽でいいかも。

安いお肉もぐっとおいしくなる昆布締め。昆布のすごさがよくわかるので、ぜひ試してみてほしい。

だし茶漬けの可能性

ささっと食べたいときのごはんや、夜食にもぴったりのお茶漬け。ごはん茶碗ひとつで完結し、洗い物が少ないところも素晴らしい、日本が誇るファストフードである。

わたしの中で、お茶漬けといえば「永谷園」。子どもの頃、よく同社のお茶漬けの素をごはんにふりかけ、熱々のお湯を注いで食べたことを思い出す。

ここ数年、だし茶漬けの専門店が増えており、だしブームを実感している。わたしもたまに利用しているのだけれど、海苔や鮭、梅、たらこなどの定番茶漬け以外に、オリジナリティあふれる創作メニューも多く、行くたびに驚かされる。お肉を使ったメニューなどもあり、**「そうか、お茶漬けはこんなに自由でいいんだ」**という気づきをもらった。だし茶漬けといえば、鯛茶漬けのイメージも強かったので、肉を合わせるという発想がとても新鮮だったのだ。

だし生活を始めてからというもの、冷蔵庫にはいつも麦茶ポット昆布だしが入っており、かつおだしは、コーヒードリッパーでちょこちょことるライフスタイルがすっかり身についた。そこで気づいたのが、「なんだ、家でいつでもだし茶漬けが作れるじゃないか」ということ。それからは、おもにひとりごはんのときに、実験感覚でだし茶漬けの具材をいろいろと試している。

一章でも触れたが、昆布のグルタミン酸やかつお節のイノシン酸など、うま味とうま味を組み合わせることで、もっとおいしくなる「うま味の相乗効果」を考えるのがもはやライフワークとなってきて、「うま味倍増だし茶漬け」を考えるのがとても楽しい。

たとえば次のような感じで、自由に創作だし茶漬けを楽しんでいる。

明太チーズなどの味が濃い具の場合は、だしは味付けなしでそのまま注ぐだけ。淡白な具の場合は、お好みでだしに薄口醬油か塩でほんのり味付けするのがおすすめだ。

だし茶漬けは香りもごちそうなので、香り高い引き立てのかつおだしと、冷蔵庫の昆布だしを鍋で温めた合わせだしがベストだけれど、そこまでの余裕がないときは、どちらか単体のだしでもＯＫ。何よりも、「すぐ作れること」、そして「作りやすいこと」がお茶漬けのいいところなので、気軽にささっと作ってみてほしい。

【ざっくりレシピ】⑮

明太チーズだし茶漬け

とろ～りチーズとピリッと辛い明太子が意外なおいしさ。ほぐした明太子ととろけるチーズをごはんにのせ、だしを注ぐ。

【ざっくりレシピ】⑯

帆立のバター醬油だし茶漬け

お刺身が余ったときに。バターのコクと香りが食欲をそそる一杯。帆立をバターでソテーし、醤油で味付け。ごはんにのせ、だしを注ぐ。海老や牡蠣でもおいしい。

【ざっくりレシピ】⑰
スモークサーモンとアボカドのだし茶漬け
サラダやベーグルでもよく見る組み合わせ。ひと口大に切ったスモークサーモンと、ダイス状にカットしたアボカドをごま油と塩昆布で和《あ》えたものをごはんにのせ、だしを注ぐ。

【ざっくりレシピ】⑱
牛丼風だし茶漬け
手頃な牛こまで作るボリューム茶漬け。牛こまはかつおだし、醤油、みりん、砂糖でさっと煮込み、ごはんにのせる。まずはそのまま牛丼として食べ、その後だしを注げば二度おいしい。

【ざっくりレシピ】⑲
鶏ささみと塩昆布のダブルだし茶漬け
ささみをゆで、ゆで汁をとっておく。さいたささみと塩昆布をごはんにのせ、ささみの茹で汁と昆布だしを合わせて注ぐ。ささみからはいいだしが出るので、ぜひ捨てずに料理に活用しよう。

【ざっくりレシピ】⑳
しらすと梅のだし茶漬け
思い立ったら即作れるさっぱり茶漬け。しらすと梅干しをごはんにのせ、だしを注ぐ。しらすの代わりにちりめんじゃこでもおいしい。

【ざっくりレシピ】㉑
カリカリ豚バラの柚子胡椒だし茶漬け
豚の脂も、だしでさっぱり。フライパンにごま油少々を熱し、豚バラをカリッとするまで焼き、軽く塩をふる。柚子胡椒をからめてごはんにのせ、だしを注ぐ。

【ざっくりレシピ】㉒

たっぷりきのこのオイスターだし茶漬け

きのこと昆布、かつお節、そして牡蠣（オイスターソース）のうま味が融合した、〝うま味の4回転ジャンプ茶漬け〟。数種類のきのこを炒め、オイスターソースで味付け。ごはんにのせ、だしを注ぐ。

【ざっくりレシピ】㉓

カリカリベーコンとふわふわ卵のだし茶漬け

朝ごはんの常連メニューをお茶漬けに。刻んだベーコンをカリッとするまでフライパンで炒める。ベーコンから脂が出るので、油はひかなくてOK。2個分の溶き卵を流し入れ、スクランブルエッグを作る。ごはんにのせ、だしを注ぐ。

蕎麦屋風、うま味たっぷりだしカレー

蕎麦屋のカレーはうまい。だしがきいていて、本来のカレーとは違う、片栗粉の独特のとろみが蕎麦やうどんとよくからみ、最後まで冷めずに熱々だ。

それにしても、なぜどこの蕎麦屋にも、必ずといっていいほどカレー南蛮やカレー丼があるのだろうか。あんな、日本人のソウルフードのような蕎麦に、なぜカレーを合わせようと思ったのだろうか。

疑問に思い、調べてみたところ、「カレー南蛮の発祥は、東京・中目黒の『朝松庵』らしい」という情報を入手。さっそく食べに行ってみた。

中目黒の目黒銀座商店街にある、昔ながらの町の蕎麦屋という風情《ふぜい》。カレー南蛮を注文すると、「蕎麦にしますか、うどんにしますか」と聞かれ、蕎麦をお願いする。

メニューの裏に書かれてある、「カレー南蛮・カレー丼の由来」によると、この2品が誕生したのは、明治41年（1908）。洋食が大衆化してきた頃だという。

「最近、急速に洋食というものが盛んになってきたが、この洋食の味を『そばにも取り入れてみてはどうだろうか』こんな考えの元に二代目酉之介（筆者注：姓＝角田）が研

究を重ね、苦心の末にカレーを新しい種物として『そば・うどん』にかけて『カレー南蛮』、『ご飯』に載せて『カレー丼』として大阪は谷町で、『東京そば』と号して手打ちの店を開業し売り始めました」とある（原文ママ）。

このように、カレー南蛮とカレー丼は、「朝松庵」が大阪で開業した「東京そば」で大成功を収め、明治43年に「朝松庵」でも売り始めたが、最初は鳴かず飛ばずだったようだ。同店は、この2品を広めようと、同業者に材料まで持参して説明に回ったが、老舗の蕎麦屋では門前払い。それでもめげずに宣伝し続け、大正3（1914）、4年頃には相当数の店が取り扱うようになったとのこと。

100年以上も前に蕎麦とカレーを組み合わせるとは、相当革新的なことだっただろうというのは想像に難《かた》くない。どの時代にもアイデアマンはいるものなのだなあ……と、熱々のカレー南蛮をすすりながら胸がいっぱいになり、そして刺激を受けた。

ちなみに、角田酉之介の誕生日である12月1日は、氏の功績を記念して「カレー南蛮の日」に認定されている。

そんな歴史を知る前から、わが家ではたまにだしカレーを作っているのだが、これがなんともホッとする味わいでなかなか気に入っている。濃いめのだしじゃないとカレーに負けてしまうため、だしだけはしっかりとり、あとはいつも通りに作るだけ。

【ざっくりレシピ】㉔
だしカレー
かつお節の厚削り、または、混合節（かつお節、さば節、むろあじ節など複数のけずり節が混ざっている）で、パッケージの表示通りの分量でだしをとる。とっただしと市販のルウで、いつも通りにカレーを作る。だしがきいているので、ルウの量はいつもよりも少なめでよく、好みで醤油を加えてもOK。できあがりの状態が緩ければ、水溶き片栗粉でとろみをつける。

具は好みのものでOKだが、わたしは、うま味の相乗効果のある、まいたけと鶏もも肉で作るのがお気に入り。あまりたくさんの具材を入れず、2種類程度で作ることが多い。

カレーやみそを使った料理など、味の濃い料理以外は、材料の「水」を「昆布だし」に置き換えることでうま味がアップし、かつ味が主張するわけでもないので、大抵のものはおいしくなると思う。より「和風にしたい」という場合は、だしカレーのように、濃いめの〝節系〟のだしで作るのがおすすめだ。

だしをとっているそばから、部屋中が「蕎麦屋の香り」に包まれ、幸せな気持ちになれるだしカレー。のんびりできる休日に、ぜひお試しを。

山椒でピリッと。だしコーンスープ

トーストと目玉焼きに、インスタントのコーンスープ。手軽に作れるこの3品が、朝ごはんの定番メニューという人も多いのではないだろうか。

だし生活を始めて以来、わたしはコーンスープも毎回昆布だしで作るのが定番となった。なぜなら、お湯で溶くよりも、うま味が加わってずっとおいしくなるからだ。

コーンクリーム缶と牛乳で作る手作りコーンスープのときも、牛乳の代わりに昆布だしで作る。昆布のグルタミン酸でぐっと味わい深くなりながらも、決してクリーミーさが失われるわけでもない。そして、水溶性食物繊維やミネラルなど、昆布の栄養をプラスオンすることにもなり、体にもやさしい。

この、**うま味がアップした昆布だしコーンスープを、さらに複雑かつ深みのある味わいに変える、魔法のトッピングがある。まさかの山椒だ。**

先日、百貨店の催事に出店していた「飛騨山椒」の店頭に、山椒ポテトチップスの試食が置いてあり、思わず手がのびた。それは、市販のポテトチップスに山椒を振りかけたもので、「こんな使い方もあるんだ」とひとり感心。同店の山椒は、東京の麻布飯倉《あざぶいいくら》にあるうなぎの名店「野田岩」でも使われている逸品だが、それこそ山椒の使い方は、うなぎに振りかけるくらいしか知らない。お土産でもらっても、なかなかうまく使いこなすことができていなかったのだ。

店主に、「山椒って、うなぎ以外だとどういう料理に合いますか?」と尋ねると、「一味や七味が合う料理には、ほとんど合います。焼き鳥やみそ汁、煮込みなどですね」とのこと。なるほど、そういうことか。それならすぐに試せそうだ。さらに、「コーンスープにもよく合いますよ」といわれて驚いた。自分ではまず思いつかない、まさかの組み合わせ……!

家に帰るやいなや、冷蔵庫の昆布だしを小鍋にジャーッと注いで火にかけ、インスタントのコーンスープを作る。そして、買ってきた「飛騨山椒」を開封し、さっそく少量をトッピングしてみた。

こ、これはびっくり……。

コーンスープの甘みを決して消すことなく、粉山椒のフレッシュな香りとピリッとした刺激がプラスされて、驚くほどおいしい。スイートでクリーミーなコーンスープの輪郭が引き締まり、後味はすっきり。ほんのりと、舌に山椒特有のしびれる感じが残るが、ビリビリとしびれて辛いというわけではない。

子どもも大好きなコーンスープが、昆布だしと山椒で、一気に和テイストの大人味に変身。おなじみの味が、おもしろいほど激変する。

やっぱり、その道のプロと話すのは大切だなあ……と、改めて感じたのであった。

決して和風ではない、ダブルだし麻婆豆腐

これまでにも書いている通り、わたしはかつおだしも昆布だしも、和洋中問わず何にでも使っている。以前取材した中華料理のシェフから、「**かつおだしは中華料理にも使える**」と聞いたのがきっかけだ。「そうか、かつおだしと昆布だしは和食、中華は鶏ガラスープと決めつけなくてもいいんだ」と、長年の思い込みをくつがえされて以降、自由にだしを楽しめるようになったのだ。

シェフのあのひとことがなければ、「和のだしは和食のみ」といつの間にか植え付けられてきた既成概念から、今でも抜け出せていなかったかもしれない。

「**中華料理で鶏ガラ代わりにかつおだしを使うコツは、だしを濃いめにとること**」との助言があったのだが、これは、通常の濃さのかつおだしだと、味の濃い中華料理の場合、調味料に負けてしまうためだ。

わが家では、たまに鶏ガラスープをとるけれど、麻婆豆腐を作るためだけに、わざわざとることはない。そして、だし生活を始めてからは、多くの料理をかつおだしと昆布だし、干し椎茸だしで作るようになったため、鶏ガラ顆粒も一切使わなくなった。

今回の麻婆豆腐は、通常の倍量のかつお節（6％＝1Lに60g）を使った濃いめのだしで作っているが、できれば厚削りや、さば節やむろあじ節などが混ざった混合節のほうが、よりしっかりとした濃いだしがとれるのでおすすめだ。めんつゆを作る際にこれらのだしをとったときに、麻婆豆腐用に少しよけておくといいかもしれない。

【ざっくりレシピ】㉕
ダブルだし麻婆豆腐

みじん切りにした長ネギとひき肉、生姜を炒める。合わせ調味料（濃いめのかつおだし150ml、干し椎茸だし大さじ2、醤油・砂糖各大さじ1、みそ・酒大さじ1／2、豆板醤《トウバンジャン》小さじ1、すりおろしにんにく1かけ、片栗粉大さじ1／2）を入れて煮立たせ、豆腐1丁を切って入れて3分くらい煮込む。仕上げにごま油をまわしかける。

生姜とにんにくはチューブでももちろんOK。わたしは、瓶入りのすりおろしにんにくを愛用している。生姜は、一度にまとめてすりおろし、ラップに広げて平たくしてから冷凍しているので、適当にパキッと折って加える。薄くてすぐに溶けるので問題なし。

干し椎茸だしは、なければ入れなくてもいいけれど、これが入ることでグッとコクが深まるのでぜひ入れたいところだ。

食べてみるとわかるけれど、和風な感じはまったくしない。これだけ味がしっかりしていると、かつおだしの味はせず、干し椎茸特有の味も香りもほとんど消える。でも、ちゃんと麻婆豆腐で、「2種のだしが鶏ガラスープの代わりとして機能している」ということがよくわかると思う。

ちなみに、合わせ調味料を、だし、薄口醤油、酒、柚子胡椒に替えた（砂糖とみそは入れない）「白い麻婆豆腐」も、趣《おもむき》が変わっておもしろい。

おうちごはんなら〝完全無添加・無化調〟が可能

だし生活以前の自分は、麻婆豆腐をイチから作るだなんて、考えたこともなかった。「市販の麻婆豆腐の素がないと作れない料理」とさえ思っていた。

麻婆豆腐以外にも、「肉みそキャベツ」や「豚バラ大根」など、スーパーにはおかず用の合わせ調味料がずらりと並ぶ。食品メーカーにこれらの商品がここ数年で急激に増えた背景を聞くと、働く主婦が増えるなど、女性のライフスタイルの変化で「簡単においしい料理が作りたい」というニーズのほか、「調味料を合わせるのが面倒」という声も多いという。

たしかにわたしも、今までは調味料を合わせるのが面倒だったので、何種類もの調味料を使うような料理はほとんど作らなかった。でも、だしをとるようになってからは、調味料を合わせることが苦ではなくなったように思う。というよりも、食品の成分表示を見るくせがついたので、材料を見て「これなら家にある調味料で作れるな」と思うようになったことと、「自分で作ったら、余計なものが一切入っていない麻婆豆腐が作れるし、そっちのほうがずっと体にやさしい」と思うようになったのも大きい。

わたしは食品添加物はまったく否定しないし、外食だと避けられるものではないので、外では気にせず何でも食べている。細かいことを気にしだすとキリがないし、あまり神経質になりすぎるのも、今の世の中では生きにくくなってしまうので、上手に付き合えばいいのではないだろうか。

ただ、**自分で好きに作れるおうちごはんは、〝完全無添加・無化調〟が可能なので、余計なものは何も入れない。**「だしとうま味があれば、簡単においしいものが作れる」ということを、身をもって実感しているからだ。

以前、5歳の男の子を持つお母さんに、家庭料理について取材した際に、少々考えさせられる話があった。食育に熱心なお母さんで、家でのごはんはいつもきちんとだしをとり、冷凍食品やインスタント食品、スナック菓子なども一切食べさせないというくらい徹底していた。

ごくたまに、家族でファミリーレストランやチェーン店のハンバーガーショップに行くと、息子が「家で食べる味と違う」といって、毎回必ず残すというのだ。

わたしはそれを聞いて、「ええ！　あんなに子どもが好きな食べものなのに⁉」と思わず声を上げてしまった。フライドポテトやチキンナゲットなど、普通なら大喜びで平らげるではないか。ファミレスにも、ハンバーグやグラタン、パスタなど、子どもが大好きなメニューがたくさん並んでいるというのに。

お母さんは、そんな息子を見て、心配になってきたという。

「子どもの食育のために、よかれと思って家では無添加にこだわってきたんですけど、このままだと、中学や高校で学校帰りに友達と寄り道して、何か食べようとなったときに食べられるものがなくなるのではないかと……。考えすぎかもしれないですけど、万が一そのことが原因でいじめられでもしたらどうしようと思って……」

だし生活を続けていると、舌が敏感になり、味覚が研《と》ぎ澄まされてくる。これは、多くの人がわりとすぐに感じる変化だと思う。

わたしは、ファストフード店もファミレスも行くし、インスタントラーメンや冷凍食品、スナック菓子なども食べる。もちろん毎日ではないけれど（「昆布だしでインスタントラーメン実験」のときは毎日食べたが）、たまにはアリだと思うし、「ああ、舌がだしのうま味に慣れるとやっぱり味が濃く感じるなあ」などと思いながら食べている。大人なので、「添加物を使った料理はこういう味」ということを理解して食べることができるけれど、生まれたときから無添加のだし生活があたりまえの環境で育つと、外の味に違和感を覚えてしまうこともあるのかと驚いた。

この息子さんが、たまたま今過敏なだけかもしれないし、お母さんの取り越し苦労で終わるかもしれないけれど、今後どうなるか、現時点ではわからない。でも、「口にするものを、オール無添加にこだわりすぎるというのも、考えものなのかもしれない」と、その取材を機に思うようになった。

何事もバランスが大事なのだなと。

麻婆豆腐からずいぶん話が逸《そ》れてしまったけれど、このようなケースもあったということを、参考までに記しておきたい。

オムライスに、おかゆに。熱々のとろみだし

だしのおいしさがダイレクトにわかり、最後まですべて食べ切れるのは、スープかとろみをつけた料理かなと思っている。特に寒い季節は、片栗粉でとろみをつけると熱々の状態が持続して冷めにくく、体も温まるのでよくとろみをつけている。

【ざっくりレシピ】㉖

とろみだし

鍋に昆布だし（かつおだしでもよい）150ml、塩小さじ1／2、砂糖・醬油各小さじ1を入れ、火にかける。沸騰したら火を止め、水溶き片栗粉大さじ1（大さじ2の水でとく）でとろみをつける。

いわゆる「和風あん」である。オムライスのソースとしてたっぷりかけると、「だし香る艶《つや》やか和風オムライス」に。ただし、半熟のふわふわオムライスにあんをかけると、天津飯《てんしんはん》に見えなくもない。ごはんはケチャップ味のチキンライスだと味が濃いため、バターで炒めて塩胡椒で軽く味付けした、バターチキンライスがおすすめだ。

ほかにも、温めた寄せ豆腐や厚揚げにかけたり、おかゆにとろっとのせたりしても相性抜群。レンジでチンしたもやしと、細切りにしただしが昆布と一緒に和《あ》えても立派な一品に。アボカドと納豆と和えてごはんにのせた、「アボカド納豆とろみだし丼」にしてもおいしかった。

片栗粉でとろみをつける前に、ほかの具材を入れてももちろんOK。みじん切りのネギを入れたネギあん、すりおろし生姜入りの生姜あん、複数のきのこを煮込んだきのこあん、ひき肉を入れたひき肉あんなど、アレンジの幅が広いのもポイント。艶《つや》やかな見た目は、視覚的にもおいしそうに見える。

以前、何かのテレビ番組で、デパ地下で人気のサラダ専門店に、「きれいに見える盛り付けのコツは?」と尋ねたところ、「立体的に盛り付け、どこかにてりと艶を出すこと」といっていたのがとても印象的だった。

たしかに同店のサラダは、サラダにもかかわらず、よく見るとどこか「光っている」のだ。マヨネーズやドレッシングの艶や、トマトやなめこ、枝豆など、食材そのものの艶だったり、キラキラ輝くジュレをトッピングしていたり。

このインタビューを見てから、わたしもインスタグラムにアップする料理を、できるだけどこか光らせるよう意識するようになった。艶があると、やっぱりおいしそうに見えるのだ。

とろみ料理は、まさにこの法則にあてはまる。どんな料理も、簡単に「だしをまとう」**ことができ、ピカッとツヤッと輝いて、**何倍もおいしそうに見えること間違いなし。ぜひ、さまざまな料理にだしのきいたとろみあんを活用してみてはいかがだろうか。

見た目がすごい！　丸ごとトマトの炊き込みごはん

以前、とある和食店で食べた、トマトが丸ごと1個どーんと入った炊き込みごはん。鶏ガラスープで炊いたというこのごはんは、まず見た目のインパクトに圧倒されるが、口に入れるととてもなじみのある味。火の通った熱々のトマトをつぶしてごはんに混ぜ込むと、ほんのりと赤くなる。そう、チキンライスだ。それも、とても繊細な。

あまりにもおいしかったので、家で再現してみた。鶏ガラスープさえとれば、あとは普通に炊くだけなので、意外とシンプルだ。

【ざっくりレシピ】㉗
丸ごとトマトの炊き込みごはん
鶏ガラスープをとる。事前に浸水させておいた米にトマトをのせ、普通の水加減と同量の鶏ガラスープでいつも通りに炊く。炊き上がったらバターをのせて蒸らす。トマトの皮をむいてつぶし（つるんとむける）、混ぜ合わせたらできあがり。

食べるときは、好みで塩をぱらり。茶碗によそい、ふわふわのスクランブルエッグをのせるとオムライス丼になる。黒胡椒をピリッときかせたり、パルメザンチーズをひと振りしても美味。

顆粒の鶏ガラスープの素でも作れるけれど、自分でとった鶏ガラスープで炊いたほうが、比べ物にならないくらいおいしい。鶏ガラは100円ちょっとで買えるので、〝おいしいひと手間〟と思ってチャレンジしてみてはいかがだろうか。鶏ガラスープについては153ページに詳しく説明している。

あつあつ、とろとろ。お手軽茶碗蒸し

茶碗蒸し。それは〝す〟との戦いである。「すが立つ」とは、茶碗蒸しの表面にぶつぶつと小さな穴が空き、硬くなってしまうことをいう。すが立つことで、茶碗蒸しの舌触りが格段に悪くなってしまうのだ。

初めて茶碗蒸しを作ったのは、たしか中学校の家庭科の調理実習だったと思う。いや、高校だっただろうか……。とにかく、先生から「すが入らないように」といわれた

記憶しか残っておらず、どんな味だったのか、そして成功したのかどうかも覚えていない。

覚えたのは、「茶碗蒸しにはすが入ってはいけない」ということのみ。こんなにもすのことしか覚えておらず、大人になってからも一度も作ってみようと思わなかったのは、「茶碗蒸し＝難しいもの」というイメージが強烈に植えつけられてしまっているからにほかならない。

なぜこんなに難しいと思っていたのか。

まず、茶碗蒸しに必須のだしをとるということ自体が、かつてのわたしにはハードルが高かったということがひとつ。だしを味わう茶碗蒸しは、「顆粒だしで作るものでもないしな……」とも思っていた。どうせ作るなら、本物のおだしで作るべき料理である、と。

もうひとつが、「蒸す」という調理法に対する苦手意識だ。アラフォーになるまで一度も蒸し料理を作ったことのなかった自分にとって、これもまた、東京都庁舎くらいのハードルの高さで（なかなかの眺めの良さだ）、日常的に蒸す調理法を取り入れている人と、そうでない人との間には、ものすごくぶ厚い壁が立ちはだかっていることを常々感じていた。

「蒸せる人＝料理上手」というイメージで、彼・彼女らは本格的なせいろをさらりと使う。中華街で肉まんを蒸している、竹製のあれだ。

そして、わたしのような「蒸せない人」は、レンジでチンするシリコンスチーマーをフル活用するのだ。

もちろん、レンジで手軽に蒸し料理が作れるスチーマーも大変便利なのだけれど、本来の蒸し料理となると、わたしの中ではせいろの印象が強すぎて、なんなら「せいろがないと蒸し料理ができない」とさえ勝手に思い込んでいたのだ。

「せいろで蒸すと本格的だし、断然おいしそう。でも、うちの狭いキッチンに置く場所もないし、第一梅雨の時期なんかだとカビちゃうんじゃないの？」

「せいろだけじゃなくて、サイズの合う鍋も必要なんだっけ？　今うちに鍋が3個あるから、これ以上はもう収納できないし……」

などと、せいろにほんのりと憧れを抱きながらも敷居を高く感じていた時期に、突如大ヒットしたのが「スチームクッカー」なる調理機器である。

卓上で簡単にお肉や野菜を蒸すことができるというコンパクトな調理家電で、まわりからも「スチームクッカー、すごい便利だよ！」「毎日蒸し野菜ばかり食べてる」という声が続々と聞こえてきて、これまた心が揺れ動く。

「すごい欲しい。でも、いくらコンパクトといえどもやはり置き場所はとるしなあ……」

「電源コードがある時点で使える場所が限られてくるし、これまでの経験上、最初のうちはハマって毎日使うかもしれないけど、ある日突然ぱったり飽きて、箱に入れられて押入れで眠る姿が目に浮かぶ……」

と、またもや手を出せず。広い家ならいいけれど、マンション住まいなもので、いくら興味があっても、次々とキッチン道具や家電を買っていてはキリがない。

それにしても、こんな調理家電まで出るくらいだし、多くの人が「蒸し料理は難しい、面倒」と思っている証拠ではないか。ニーズがあるがゆえに、このような商品が誕生するのだから。

なんだか、蒸し料理とだしをとることは、ハードルの高さ加減が似ているのだ。

そんなわたしが蒸し料理を覚えられたのは、百貨店の調理器具売り場に並んでいた、地味なステンレス製の蒸し器を見かけたのがきっかけだった。「スチームプレート」などの商品名で売られており、直径18㎝ほどの丸いステンレスプレートに小さな穴がたくさん空いていて、3㎝程度の脚がついているというものだった。

「あれ、これならうちにある鍋でも使えるんじゃないの?」

と思い、店員さんに使い方をたずねたところ、「水を入れた鍋にプレートをセットし、その上に食材を並べればOK」とのこと。なんだ、そんなに簡単なことだったのか……! というわけで、この昔ながらのオーソドックスな調理道具を購入。値段はたしか800円くらい。これなら、わが家のル・クルーゼでも柳宗理《やなぎそうり》の鍋でも、どちらでも使える。

こうして無事に蒸しライフをスタートし、これまではレンジでチンだった冷凍の肉まんもシュウマイも、なんでもかんでも蒸すようになった。蒸すからこその、そのふっくら感ともっちり感に感動し、野菜の栄養がまるごととれて、ヘルシーな蒸し野菜も手軽に楽しめるようになった。

で、ついに茶碗蒸しだ。

だしをとることが日常的になり、蒸すことも覚え、しかも、今ちょうど上五島《かみごとう》の焼きあごでとったあごだしがある。

上五島にあごだし取材に行った（五章参照）際、地元の福井さん宅でいただいたあごだしの茶碗蒸しが感動のおいしさで、いつかぜひ、自分でもチャレンジしてみたいと思っていたのだ。

せっかく貴重なあごだしで作るからには、なんとしてでもすが入るのは避けたい。すが入る原因を調べてみたところ、こういうことだった。

「卵のたんぱく質が約60℃で固まり始めるのに対し、100℃で沸騰する水との温度差があることで生じる」という。

つまり、卵とだしが混ざった卵液を高温で急激に加熱すると、卵だけが先に固まる。卵に含まれる水分は沸騰して水蒸気となるものの、すでに固まっている卵の中で行き場を失い、それがすとなってしまうのだ。

すが立つのを防ぐためには、強火で一気に加熱するのは禁物。中火でゆっくり沸かし、煮立ったら弱火にしてじっくり蒸すこと。うむ、心してやってみる。

【ざっくりレシピ】㉘

憧れの茶碗蒸し

2人分。冷ましただし1カップに、塩小さじ1/3、みりん小さじ1/2、薄口醤油少々（風味付け程度）を溶かしておく。ボウルに卵2個を溶き、だしを加えてザルで濾し、茶碗に注ぐ。蒸し器にのせて鍋に水を張り、中火にかける。沸騰後、ごく弱火にして約7〜8分蒸し、竹串を刺して澄んだ汁が出たらできあがり。

調理実習以来の、憧れの茶わん蒸し。おそるおそるスプーンを入れてみる。うわ〜……、とろっとろ……。一見、「固まってないのかな？」というくらいゆるゆるな感じだけれど、スプーンを入れると、ちゃんとふるふると固まっている。そして、恐れていたすもできていない！　とてもなめらかな舌触り。上品な香りとうま味のあごだしと卵が混ざり合い、とてもおいしい。

思いつきで作ったので、具はなし。あいにく、茶碗蒸しを作るのにちょうどいい湯のみや蕎麦猪口《ちょこ》がなく（割っちゃった）、いろどりに添える三つ葉もない。普段ヨーグルトを食べる器で作ったので、見た目はまるで大きめのプリンである。
もうちょっと塩を増やしてもいいかなとも思ったけれど、最後は飲み物状態で、崩れた茶碗蒸しとおだしを一緒に飲む感じ。あごだしのおいしさがダイレクトに伝わるので、このくらい淡い味付けでちょうどいい気がした。

2回目は、蒸し器を使わないやり方で作ってみた。今回は、分量は前回と同じで、冷蔵庫にあった鶏もも肉とかまぼこを具に入れた。
フライパンに茶碗蒸しを入れ、器の底が2㎝ほどかぶるくらいの水を張り、ふたをする。強めの中火で沸騰させ、沸騰後はごく弱火で7〜8分。これも上手にできた。使う器のサイズに合わせて、蒸し器かフライパンかで作れるのもいいところ。器の厚さによって蒸し時間は変わってくるので、様子を見ながら加減してみてほしい。

お店では、かつおと昆布の一番だしで作ることが多いであろう、茶碗蒸し。焼きあごからとったあごだしで作る茶碗蒸しは、コストがかかりすぎて、外食ではなかなか難しいのではないだろうか。

家で作る茶碗蒸しなら、だしもいろいろアレンジ自在。昆布だしと干し貝柱のだしを合わせたり、鶏だしで作っても間違いなくおいしいはずだ。

長年のトラウマだったたすの呪縛《じゅばく》から解き放たれ、茶碗蒸しのハードルがぐっと下がった。自分でとっただしで作る茶碗蒸しは、思っていたよりもずっと簡単で、めちゃくちゃおいしい。なんなら毎日でも作ろうかというくらい気に入ったのだが、自分の性格上、連続して作りすぎるとすぐにパタッと飽きて、一切作らなくなる可能性が高い。

「週に一度の和定食」のように、出し惜しみしながら、この先もずっと大切に作り続けたいと思う。

コラム

永遠のテーマ、だしがら問題

「かつお節や昆布のだしがらを捨てるのが嫌だから、だしをとる気になれない」。

こんな声をよく聞く。

わたしは、1リットルまとめてかつおだしをとったときは、続けて二番だしもとっている。冷蔵庫で2日程度は持つので、冷めたら保存容器に入れて冷蔵保存し、翌日以降のみそ汁や煮込みなどに使うことが多い。

【二番だしのとり方】

一番だしで使ったかつお節のだしがらと、水500mlを鍋に入れて火にかけ、沸騰したら弱火にして5分ほど煮出して火を止める。かつお節を5g加えて1分待ち、濾す。

一番だしをとった後のだしがらには、まだうま味はたっぷり残っているけれど、一番だしに比べるとどうしても香りが弱いため、少量の追いがつおで風味をプラス。冷蔵庫に入っている麦茶ポット昆布だしを足せば、合わせだしになる。

多くの人が頭を悩ませているだしがらの活用法だが、これまで周囲の人たちから聞いた活用法をまとめると、このような感じだ。

【かつお節】

・ふりかけを作る。
・肉のみそ漬けのみそに混ぜ込む。
・炊き込みごはんを炊く際、底に敷き詰める。おこげのようになっておいしい。
・マヨネーズとみそと和えて、ツナマヨ風。パンに塗り、チーズをのせて焼いても。
・醤油で味付けし、おかかおにぎりに。プロセスチーズを入れるとおかかチーズおにぎりに。

・ハンバーグのたねに混ぜる。
・お好み焼きの生地に混ぜる。
・愛犬の手作りごはんに使う。

【昆布】

・そのまま食べる。
・佃煮にする。
・みじん切りにしてミートソースに入れる。
・細切りにして豚肉と炒める（ごま油&塩、バター醤油などで味付け）。
・細切りにして料理に混ぜる（麻婆豆腐、カレー、煮物、炒飯、野菜炒め、肉じゃがなど）。
・細切りにして炒めて、サラダに混ぜる。
・落としぶたに使う。

かつお節の活用法で、もっともよく聞くのがふりかけ、昆布は佃煮だが、わが家は3食白米を食べる習慣はなく、また、弁当生活でもないため、作ったとしても消費しきれないのは目に見えている。

一番よくやるのが、昆布を細切りにして、さまざまな料理に具材として入れてしまうこと。野菜を1種類増やすような感覚で、何にでも気軽に入れている。昆布の味自体に主張があるわけでもなく、どんな料理もじゃましないのでおすすめだ。ただ、分厚くて硬い昆布は、無理して消費せずに処分することもある。かつお節も、二番だしまでとるので、「絶対に再利用しなきゃ！」とは思っていない。

だし生活が身につくと、頻繁にだしをとるため、だしがらは溜まる一方。かつお節も昆布も冷凍もできるので、最初の頃はせっせと冷凍していたけれど、冷凍庫がだしがらで埋まってしまい、「どこかで線引きしないとキリがないなあ」と思うようになった。

「捨てちゃうのはもったいない！」とだしがらがどんどん溜まっていくと、「早く使わなきゃ……」と憂うつになってしまうのもまた事実。「おいしいおだしをありがとう」と、かつお節さまと昆布さまに感謝しながら処分しようと決めてからは、すっかり気がラクになった。

というわけで、だしがら問題。わたしは使うときもあれば、スパッとおさらばするときもある。

一生もののだし生活。無理せず気負わず、自分がもっとも続けやすい方法で楽しむことが、何よりも一番だと思っている。

三、プロに学ぶ
だしとうまみの
活用術

ライターの仕事で、プロの料理人や料理研究家を取材していると、たくさんの学びがある。普段、「これでいいのかな」と思いながら自己流でやっている下ごしらえなども、プロの技を目《ま》の当たりにすると、「なるほど、こうすればおいしくなるのか」「このひと手間できれいに仕上がるんだ」などと、長年の疑問が一発で解消することも多い。

「その道のプロ」との会話や取材から学んだテクニックや、ちょっとしたコツで、おうちごはんは格段にレベルアップする。「やってみたい」と思ったものや、気になったものから、さっそく試してみてほしい。

意外とシンプル！　にんべん「日本橋だし場　はなれ」に学ぶ、黄金比率の炊き込みごはん

「自分でだしをとれるようになりたい」と、だし生活に憧れていた数年前、いくつかのおだし教室に参加したことがある。基本的なだしのとり方から、だしをきかせた料理まで、さまざまなことを学び、家でも取り入れたりアレンジしたりしながら、だしのある暮らしが身についていった。

教わった料理の中から、現在でも繰り返し作っているのが、にんべんの「日本橋だし場　はなれ」（179ページ参照）料理長に学んだ炊き込みごはんだ。

当日は、立派な鯛で豪華炊き込みごはんを作るということで大興奮。思えば、それまで炊き込みごはんを一から作ったことなどなく、材料と調味料がセットになった、ごはんに混ぜて炊くだけの「炊き込みごはんの素」や「たこめしの素」を使って作っていた。

麻婆豆腐などと同様、どうも難しそうなイメージが強く、家で作るには市販の素がないとハードルが高すぎると思っていたのだ。

ところが、実際に手を動かして作ってみると、思っていたほど工程は複雑でもなく、意外とシンプルなんだな、という感想を持った。

◎にんべん「日本橋だし場　はなれ」が教える、黄金比率炊き込みごはん

【材料】
季節の魚の切り身……1枚
生姜……20g

米……2合
かつおと昆布の合わせだし……280ml
薄口醬油……大さじ2
酒……大さじ2
三つ葉……適量

【作り方】
①魚に塩をふり、常温で約10分おき、表面に出てきた水分をふき取っておく。
②フライパンに油を塗り、魚の表面から焼いていく。
③土鍋に、研いで水をきった米を入れ、合わせだしと調味料をよく混ぜてから注ぎ、千切りにした生姜、両面を焼いた魚の順で入れていく。
④鍋を強火にかけ、カタカタとふたの音が鳴り出したら火を弱火にして13分かけて炊き上げていく。13分経ったらコンロからはずし、13分蒸らす。
⑤蒸らし終わったら、刻んでおいた三つ葉をお好みの量かけて完成。

習ったレシピは、分量もわかりやすくてとてもおいしく、まさにプロの味。みりんを使わず、だしを多めに使用することで、お米がふっくら・しっとりと炊き上がる。

「炊き込みごはんって難しくないんだ」と思えた以上に心に刺さったのが、「わたしたちも、このレシピじゃないと炊き込みごはんが作れません」というスタッフの言葉だった。

「どんな炊き込みごはんでも、調味料の分量は同じで、具が変わるだけ」

「ごぼうと鶏肉、秋刀魚《さんま》ときのこなど、その季節の旬の食材や、うま味のある食材を使って作ってみるといいですよ」

そうか、だしや調味料はいつも同じ分量でいいんだ……！（驚）

炊き込みごはんビギナーのわたしは、具によって味付けやだしの量を変えなくてはいけないものだとばかり思い込んでいた。そんなわたしに「調味料の配合は同じでいい」という気づきは、とてつもなく大きなものだったのだ。

レシピとして書き出すと5つの工程になり、一見難しそうに思えるかもしれないけれど、要は、**「鍋に米とだし、調味料を入れ、具をのせて炊くだけ」**である。

このおだし教室以降、「日本橋だし場 はなれ」の黄金比率でさまざまな炊き込みごはんを作っているが、いつもとてもおいしく、本格的な炊き上がりに大満足。

わたしは、**愛媛県「程野商店」の「松山あげ」という油揚げを一緒に入れて炊くのがお気に入り**で、炊き込みごはんにグッとコクと深みが増してさらにおいしくなる。パリッ、サクッとした独特の食感がおもしろく、豚汁やみそ汁、うどん、鍋などに入れると、とろりととろけて深〜い味わいに。

東京だと、少し前までは、品揃えにこだわりのあるスーパーや自然食品店くらいでしか見かけなかったのだけれど、最近はあちこちのスーパーで見かけるようになってきたのでよく買っている。いや、わたしがよく買うからスーパーの熾烈《しれつ》な棚争いで、レギュラー入りしたのかもしれない(笑)。常温で90日程度日持ちする点も助かるところで、通常の油揚げが並ぶ冷蔵コーナーではなく、乾物売り場に置いてあることが多いようだ。

おうちごはんが確実にランクアップするので、みつけたらぜひお試しを。

おうち蕎麦が変わる！　蕎麦名人・永山寛康氏直伝の「かえし」

蕎麦屋が好きだ。時間がないときでも、注文するとすぐに出てきてささっと食べられる駅前や駅ナカの立ち食い蕎麦屋は、忙しいときに重宝しているし、板わさや天ぷら、だし巻き卵で一杯やりながら、もりそばで締める〝蕎麦屋飲み〟も大好きだ。

北海道で生まれ育ち、ライターを目指して25歳で上京。東京でもいくつかの街に住んだけれど、どこの街にも蕎麦屋はある。好きという以前に、あまりにもあたりまえの存在すぎて、さほどありがたみを感じることもなかった。しかし最近、年を重ねるごとに蕎麦屋が好きになってきたように思う。まず、だしの香りにホッとするし、だしのきいた一品料理も多い。改めて蕎麦屋の魅力を考えてみると、夜の利用でも、長居する客や、大声で騒ぐ団体客がいないというところもいいのかもしれない。

だし生活が身についてから、家で食べる蕎麦やうどんのつゆも自家製になった。以前は、適当にかつおだしを引き、適当に醤油とみりんを入れて作っていたのだけれど、なんか薄い。物足りない。「まずくはないけど、こんなもんだっけ……」という感じでもある。

だしへの関心が深まるにつれ、自己流めんつゆが物足りない理由がわかってきた。まず、適当にとっていたかつおだしは、そもそもかつお節の量が少なすぎたということがひとつ。そして、蕎麦屋では、かつお節以外に昆布やさば節、宗田節など、さまざまな節を使ったり、干し椎茸などを使う場合もあるということ。そして、決定的に違ったのが「かえし」である。


かえしとは、醤油や砂糖、みりんを煮詰め、数日から1週間以上寝かせて作る、「つゆの素《もと》」的なもの。蕎麦屋では、このかえしとだしを合わせてかけ汁やもり汁を作る。かえしの存在自体は知っていたが、あれはあくまでもプロが作るもので、家庭で作るものではないと思っていた。そんな玄人《くろうと》っぽい難しそうなものを、家で作れるわけがないではないか、と。

そんなある日、かつお節メーカーで働く知人の紹介で、蕎麦名人・永山寛康氏との食事会という貴重な機会に恵まれた。永山氏は、蕎麦打ち・蕎麦料理の第一人者として知られ、『永山寛康の保存版そば・そば料理大全』（旭屋出版）など蕎麦に関する執筆も多数。現在は、プロのためのそば教習「永山塾」を主宰している。

　手打ち蕎麦の歴史や最近の蕎麦トレンドなど、蕎麦がきやだし巻きをつまみながら、興味深い話をたくさん伺っているうちに、やがて、かえしの話になった。

「かえしがあると便利ですよ。簡単だし、蕎麦やうどん以外にも、いろんな料理に使えるので」と永山さん。そもそも、この時点でわたしは、かえしがどんなものかわかっておらず、砂糖やみりんを使うという性質上、市販のめんつゆのような甘めの味を想像していた。

「市販のめんつゆが甘くて苦手なんですけど、かえしも甘いんですよね？」というど素人の質問に、永山名人は「いや、全然甘くないですよ。醤油の角《かど》がとれるという感じ。日持ちもするので、一度作ってみるといいですよ」

　と、なんと作り方を伝授してくださったのだ。

◎永山寛康名人直伝・本かえし（濃口醤油のかえし）の作り方

【材料】

醤油（特選）……9L

みりん……1・8L
白ざらめ……1・5kg

【作り方】

① ホウロウの容器にみりんを入れて煮切る。
② 白ざらめを加えて加熱する。焦げないようにまめに混ぜる。
③ 白ざらめが溶けたら醤油を一度に加え、強火で沸かす。
④ 70~80℃まで温度が上がり、表面に白い膜が張ってきたら火を止める。布巾《ふきん》などで容器を覆い、一昼夜そのままにする。その間にアクが揮発する。これを寝かせてから使う(数日~1週間以上)。

なるほど。たしかに作り方は特に難しくはなさそうだ。しかし、この量はお店で使う分量につき、さすがにいきなり9Lは多すぎる。家庭で作りやすいよう、まずは醤油1L、みりん200ml、白ざらめ166gで作ってみることにした。

プロは醤油やみりんのメーカーにまでこだわるのだろうけれど、家庭料理なので、まずはどこでも買えるもので材料を揃える。醤油は、「キッコーマン」の「特選丸大豆しょうゆ」。みりんは、「ミツカン」の本みりん。日本全国、たいていのスーパーで入手できるものだと思う。

白ざらめは、わたしは使ったことがなく、スーパーでもみつけることができなかった。茶色いざらめならあったのだけれど、白ざらめにこだわるのは、「甘みがくどくならないように」という理由とのこと。

そもそも、ざらめ自体を買ったことがなく、さらに白ざらめとは、一体何に使うんだろう……と検索してみたところ、製菓材料などを扱う「富澤商店（ＴＯＭＩＺ）」のサイトに載っていた説明を見て、合点がいった。

「結晶の大きさを活かしたスイーツにオススメ！　淡白で上品な甘みが特徴です。和菓子から洋菓子までお使いいただけます。結晶がおおきいので食感を残すためにトッピングとして使うのもいいですね！」

なるほど、ワッフルやクッキーにかかっている、粒の大きいジャリッとした、あのトッピングが白ざらめか。お菓子を作る人にはおなじみの材料かもしれないけれど、わたしは手にしたことすらなかった。

ようやく正体がわかり、同店で無事、「日新製糖」の「高純度白ザラ糖」を購入。カップ印のロゴでおなじみの、あのパッケージだ。富澤商店は全国に多数店舗があり、ネット通販もあるので、比較的入手しやすいのではないかと思う。

名人のレシピ通り、横着せずにきちんと作る。といっても、火にかけるだけだし、難しい作業は何もない。難点をあげるならば、かえしを寝かせている間、ホウロウの鍋がひとつ埋まって使えなくなるくらいだ。

わたしが作ったのは、梅雨の頃。なるべく湿気の少ない部屋で寝かせたけれど、「カビたりしないのかな……」と正直不安だった。

1週間後、恐るおそるふきんを外してみると、見た目は何も変わっていない。醤油だ。ところが、スプーンで小皿にとってなめてみたところ、明らかに醤油ではない。そして、市販のめんつゆのように甘いわけでもない。**まさに、「醤油の角がとれるというのは、このことか！」という表現がぴったりの、まろやかな味わいなのだ。**

完成したかえしを使って、さっそく蕎麦を作ってみる。今までと違いがわかりやすいよう、わが家の定番メニューとして、これまでに数え切れないほど作ってきた「なすときのこの鶏つけ蕎麦」で試してみることにする。今まで作ってきたレシピは次のとおり。

【ざっくりレシピ】
なすときのこの鶏つけ蕎麦（旧）
なすときのこ、鶏もも肉をごま油で炒め、かつおだしを加えて煮立たせる。みりんと醤油を加える。

このレシピを、次のようにバージョンアップした。

【ざっくりレシピ】㉙
なすときのこの鶏つけ蕎麦（新）
さば節やムロアジ節が混ざった混合節でだしをとる。次に、なすときのこ、鶏もも肉をごま油で炒め、だしを加えて煮立たせ、かえしを加える。ひとり分のだし（200ml）に、大さじ1程度。

大きく変わったのは2点で、より濃いだしのとれる混合節に変えたことと、みりんと醤油の代わりに、かえしを加えたこと。この熱々のつけ汁で、茹でて氷水で締めた冷たい二八蕎麦をいただく。

……これはもう、店の味だ。今までとは、ぜんっぜん違う。手打ち蕎麦を覚えれば、蕎麦屋を開店できるんじゃないだろうか。今流行《はや》りの「一品勝負の店」だったら、なすときのこの鶏つけ蕎麦専門店を、すぐにでも開店できるのではないか。一瞬にして妄想は果てしなく広がり、思わず調子にのってしまうほど、ものすごくおいしい。

以前、とある雑誌のだし特集の取材を受けた際、「よく作るだしメニュー」として、この蕎麦を誌面で紹介する機会があった。

撮影用に作った蕎麦を、取材終了後に編集者に試食してもらったところ、「うわあ、お店みたいですね……!」「めちゃくちゃおいしいです!」と、20代の男性編集者があっという間に完食してくれて、「よかった、家族以外の人もおいしいって思ってくれた」

と、とてもうれしかった。

鍋パ（鍋パーティー）や、たこパ（たこ焼きパーティー）などのホームパーティーとは無縁で、家に人を呼ぶ習慣がないもてなし下手な主婦なもので、人様から「おいしい」といわれるのって、ほんとうにうれしいものなのだなあ……と、しみじみと思った。


おうち蕎麦がガラリと変わる、自家製かえし。もちろん、めんつゆ自体を手作りするのもいいのだけれど、動物性のかつおだしだと日持ちがしないため、せいぜい2、3日以内で使い切らなければいけないのが難点。

ところが、**かえしは長い間持つので、だしさえとれば、いつでも本格的な蕎麦やうどんが楽しめる。**常温保存も可能で、蕎麦屋によっては、「10年もののかえし」があったりもすると聞き、「そんなに持つんだ」と思えたのも大きい。

わが家では、ガラスの瓶に入れて冷蔵保存しているのだけれど、中身が減ると不安になるくらい、今では麺類以外にも、煮物や汁物など、さまざまな料理に活用している。

市販のめんつゆよりも、比べものにならないくらい日持ちがするので、わたし的にはかえしのほうがはるかに使い勝手がよかった。今も部屋には、1カ月寝かせているかえしがおいてある。

1Lあたり600円程度で作れて、本格的な味わいが楽しめ、かつ日持ちもするかえし。ほんとうにいいものを教えていただいたと、永山名人に心から感謝しつつ、まわりの人にも「かえしっていいよ！」と、かえしの伝道師のごとく普及に勤《いそ》しむ今日この頃である。

簡単に作れてとても便利なので、ぜひ一度お試しを。

鶏料理専門店「心人」に学ぶ、絶品鶏ガラスープ

スーパーで100~200円程度で売っている鶏ガラは、実はとてもコストパフォーマンスのいいだし素材ではないだろうか。多くの人は、「自分で鶏ガラスープをとるなんて、ハードルが高すぎる」と思っているかもしれないし、わたしもそう思っていた。というよりも、そもそも鶏ガラ＝顆粒だと思っており、だし生活を始める前までは、本

物の鶏ガラを手にしたこともなかった。

以前、札幌の実家の母が、水と鶏ガラを入れた鍋をストーブの上にのせっぱなしにしていたのを見て、「え、鶏ガラスープって家でもとれるの？」と衝撃を受けたのがほんの数年前のこと。冬は24時間ストーブをつけっぱなしにしている北国の場合は、「秘儀・ストーブ料理」ができる。ストーブの上に鍋を置いておくだけで、コトコト煮込み続けてくれるため、ほうっておくだけで煮込み料理やスープが完成するのだ。

母は、鶏ガラ＋水だけで煮込み、ネギも生姜も入れていなかったのだけれど、別に臭みも気にならない。この、熱々のほったらかし鶏ガラスープに塩少々を入れて、ふぅふぅと冷まして飲んでみたところ、あまりのうまさに絶叫、そして卒倒したことを、昨日のことのように思い出す。

こうして、母の適当な鶏ガラスープは娘に伝授され、スーパーに行くと鶏肉売り場で「今日は鶏ガラ、あるかなあ」と探すくせがついた。店頭になくても、店員さんに聞けば裏から出してきてくれることも多い。

このように、臭み消しの香味野菜を何も入れなくても十分おいしいスープがとれるという実体験があったのだけれど、この間、友人と食事に行った赤坂の鶏料理専門店「心人」で出てきた鶏スープをひと口飲んだ瞬間、わたしの体に稲妻が落ちた。いや、落ちたら死ぬ。もとい、稲妻が走った。あまりのおいしさに、激しく衝撃を受けたのだ。

鶏肉マニアの双子が伝授

「心人」は、本間俊明さん・英明さんの、双子の兄弟が営む鶏料理専門店だ。酔狂な鶏マニアである彼らは、食鳥処理免許を持ち、日々の仕込みは自ら鶏を解体するところから始まる。同免許は、おもに精肉店を営む人が取る免許で、飲食店経営者や料理人には必須のものではない。

では、なぜ取得したのだろうか。2人に尋ねると、「僕たちは、のめり込むタイプなんです」と声を揃える（さすが双子）。「ハマるとことん追求したくなる」のだ、と。

濃厚でうま味たっぷりのこのスープがあまりにもおいしかったので、本間兄弟にずうずうしくも作り方を教えてもらえないか聞いてみたところ、「もちろんいいですよ！」と、爽やかな笑顔で快諾してくれた。

後日、定休日に再び店を訪ね、厨房《ちゅうぼう》でみっちり講義を受ける。それにしても、プロの技を間近で見られるというのは、なんと贅沢で楽しいのだろうか。

「心人」の鶏スープは、鶏ガラではなく、さまざまな部位の鶏肉を使って作っている。鶏のプロである本間兄弟いわく、「鶏ガラは、骨からのいいだしも出るんですけど、ガラよりもむね肉やもも肉のほうが、さらにいいスープが出る」とのことで、お店で出すスープに鶏ガラは使わない。

鶏肉の中でも使い勝手のいいもも肉は、おうちごはんの食材として、多くの家庭で頻繁に登場しているのではないだろうか。わたしはシンプルにフライパンで焼いたり、カレーやシチュー、煮込みにもよく使う。スープをとるというよりは料理のメイン食材にすることが多いため、今回は、家計にやさしくコスパのいい鶏ガラを使ったスープの作り方と、完成したスープの応用料理を教えてもらった。

◎「心人」直伝　鶏ガラスープ

【材料】
水……1L
鶏ガラ……1個

長ネギ（緑色の部分）……1本分
にんじん……1／3本
にんにく……1／8個（包丁の背で軽くつぶす。チューブでも可）
生姜……薄切り1枚（チューブのおろし生姜なら小指の爪くらい）
塩……ふたつまみ

【作り方】
鶏ガラを流水でよく洗い、鍋にすべての材料を入れて強火にかけ、あくが出てきたらごく弱火にする。うま味のある黄色い脂はなるべくとらず、あくだけをこまめにすくいながら、コトコト40分ほど煮込んだらできあがり。

完成した鶏ガラスープを味見すると、鶏のうま味に野菜の甘みが加わり、滋味豊かでとてもおいしい。今回は、あくまでも「家庭での作り方」にこだわり、鶏ガラも業者から仕入れたものではなく、近くのスーパーで購入した100円のものを使用。鶏だしと野菜だしが融合して、ふくよかでとても奥深い味わいだ。

それにしても、驚いたのは、**生姜の量が想像よりもはるかに少なかったこと。こんなに少量でいいとは。**

「みなさん、生姜はたっぷり入れると思いがちなんですけど、入れすぎると生姜の味が強くなりすぎてしまうんです。薄切りをほんの1枚で十分です」(俊明さん)

たしかに、生姜をたくさん入れると、ポカポカして体も温まるだろうし、それはそれでおいしいだろう。ただ、いろんな料理に展開する、〝鶏だしのスープ〟ということを考えると、生姜が多いとピリッとして生姜の味が立ちすぎて、アレンジしにくくなってしまう。ほんの少量でも、十分な風味が加わるのだ。

長ネギの緑の部分も、鶏ガラスープをとるときに必ずといっていいほどセットで登場するけれど、やはり必須なのだろうか。

「長ネギは、風味を加える以外に、雑味を吸収するという意味合いもあるんです」(俊明さん)

へぇぇ、なるほど……。緑の部分、今までけっこう捨ててしまっていたけれど、こんなにおいしくなるのなら、今度からは鶏ガラスープをとるためにとっておこうと心に決めたのであった。

お店のように、「鶏肉を使った鶏スープ」を家で作るとしたら、手頃なむね肉かささみでスープをとるのが一番現実的だと思った。もも肉はそのまま焼いて食べたいけれど、むね肉とささみだったら安いし、ゆでてスープをとったあとの身もしっとりしているので、ほぐしてサラダに混ぜたり、冷やし中華やぶっかけそばの具にしたりと、使い勝手がいい。

自分の経験上、鶏ガラのみを水からコトコト煮込むだけでも、特に臭みは気にならないし、十分においしいスープがとれる。しかし、**よりおいしい極上の鶏ガラスープを楽しみたいなら、ひと手間かけて野菜と一緒に煮込んだほうが、ずっとおいしくなる**ということがよくわかった。にんじんは、皮付きのまま使ったほうがいい味が出るそう。無農薬や有機のものを選んで、試してみたいと思った。

「昆布をひとかけら入れて煮込むと、昆布のうま味も加わってさらにおいしくなりますよ」と俊明さん。だし生活がすっかり身についたわが家には、昆布を切らさずに常備しているし、冷蔵庫には、麦茶ポットに入った昆布だしが常にスタンバイしている。鶏ガラスープに昆布をひとかけら入れて煮込んでもいいいし、水500ml+昆布だし500ml

で、鶏ガラを煮込んでもいいなと思った。

鶏ガラスープはそのままでもとてもおいしいけれど、刻んだ小ネギやごまをパラリと加えると、見た目も味もグレードアップ。

「スープにもも肉を3、4切れ入れると、さらに濃厚な味わいに。わかめを入れたり、かきたまにしたり、余ったお刺身を入れるのもおすすめです。このスープでみそ汁を作ってもおいしいですよ」(英明さん)

鶏ガラスープでみそ汁とは考えたこともなかったけれど、かつおだしの代わりに何にでも使えるという。スープをだしとして使う、応用メニューを教えてもらった。

◎鶏だし炊き込みごはん

【材料】

米……2合

鶏もも肉……280g

椎茸……3個

油揚げ（油抜きする）……2枚
にんじん……1／3本
こんにゃく（あく抜きする）……1／2枚
ごぼう……1／2本
鶏ガラスープ……240ml
みりん……30ml
薄口醤油……30ml
塩……6g

【作り方】

① 皮をはがした鶏もも肉を1㎝角に切る。にんじんは千切り、ごぼうはあく抜きし、ささがきにする。
② すべての材料を炊飯器に入れ、普通に炊く。
③ 炊いている間に、フライパンで鶏皮せんべいを作る。鶏皮を弱火で皮目から両面じっくり焼く（サラダ油は不要）。鶏皮から脂が出てくるので、ペーパータ

オルで吸いながら、カリカリになるまで焼く。
④　炊き上がったら、砕いた鶏皮せんべいをトッピングしてできあがり。

◎鶏だしのおひたし4種盛り

【材料】
ミニトマト……適量
枝豆……適量
まいたけ……適量
アスパラ……適量
鶏ガラスープ……540ml
みりん……30ml
薄口醬油……10ml

【作り方】
①　ミニトマトは湯むきし、枝豆は皮ごとフライパンで炒る（油はひかない）。

② まいたけはさっと焼き、アスパラはさっとゆでる。
③ 鶏ガラスープにみりんと薄口醬油を合わせ、野菜を入れて一晩浸け込めばできあがり。

この炊き込みごはんが、悶絶するほどうますぎた……！ 具材は、オーソドックスな、いわゆる「五目炊き込みごはん」の具だが、かつおや昆布のだしで炊くのとは、まったく別物のおいしさ。なんといっても、決め手はパリパリの鶏皮せんべいだろう。鶏のうま味たっぷりの炊き込みごはんに、さらに風味と香ばしさが加わる。サクサクの食感も絶妙なアクセントで、子どもも大人もおいしく食べられることうけあいだ。

普段、鶏皮が好きではないわたしは、「調理の際にいつも捨てていた」と伝えると、本間兄弟に「なんともったいない!!」と叫ばれてしまった。

「**鶏皮はうま味の宝庫です**。鶏皮せんべいにして、そのまま酒のつまみにしてもいいですし、おひたしにトッピングしてもおいしいです。昆布やかつおだしに鶏皮を1枚入れて火にかけると、鶏のいい味が加わりますよ」とのこと。

なるほど、これぞプロの技。それにしても、今までなんともったいないことをしていたのだろうか……。何も考えずに捨てていた何百枚もの鶏皮を、すべて鶏返したいくらいである。そのくらい目から鱗が落ちる、驚きの使い方だった。

おひたしは、定番のほうれん草や小松菜でももちろんOK。ミニトマトや焼き枝豆などで作ると、おひたしの域を超えて、おしゃれな前菜風の一品になるので、おもてなしにもおすすめだ。鶏のうま味が、どんな野菜も〝手をかけた風〟の料理に変身させてくれる。

「鶏だしは、かつおと同じイノシン酸。かつおだしと同じ感覚で使えます。鶏だしの特徴は、うま味が濃厚なこと。おいしいものを作るのに、鶏とかつおの垣根はありませんからね」と俊明さん。

たしかに、以前取材した中華料理のシェフも、「かつおだしは、鶏ガラスープの代わりに中華料理にも使えますよ」と同じことをいっていた。まさに、おいしいものに垣根などないのだ。

最後に、本間兄弟におうちごはんでの鶏だし活用法を教えてもらったので紹介したい。一度に多めにスープを作って、保存袋で冷凍するのがおすすめとのこと（2カ月保存可）。風味が飛ぶこともなく、鍋で温めればいつでもおいしい料理がささっと作れるので、わたしも早速実行している。

【ざっくりレシピ】㉚

うどんスープ

鶏ガラスープに、めんつゆを少し足す。鶏もも肉やネギなどを加え、うどんと合わせる。

【ざっくりレシピ】㉛

中華丼の具

肉と野菜を炒めて塩・胡椒し、火が通ったら鶏ガラスープを加える。水溶き片栗粉でとろみをつけて、仕上げにごま油。ごはんにのせたり、あんかけ焼きそばにしても。

【ざっくりレシピ】㉜

かぼちゃのスープ
かぼちゃを蒸して（レンジでチンでもＯＫ）粗熱《あらねつ》をとり、ビニール袋に入れて手でもむ。鍋にバターを熱し、かぼちゃを加えて軽く焦げ目をつけ、鶏ガラスープと牛乳を加える。塩胡椒で味を調えて完成。冷蔵庫で冷やして冷製スープにしても。じゃがいもやさつまいもでもおいしく作れる。

【ざっくりレシピ】㉝
鶏だしリゾット
温めた鶏ガラスープを塩・胡椒で濃いめに味付けし、ごはんを入れて軽く煮込む。とろけるチーズをトッピングしてもおいしい。仕上げにオリーブオイルをまわしかけると洋風に。

【ざっくりレシピ】㉞
鶏だしラーメン
鶏ガラスープで鶏もも肉をゆで、ボイルしたほうれん草やもやしを加え、塩で調味する。丼にゆでた中華麺を入れ、スープをかける。

【ざっくりレシピ】㉟

ぶっかけ鶏だしそば

冷たい鶏ガラスープに、梅肉と白みそ、ごまペーストを混ぜ合わせてタレを作り、うどんやそばにからめる。具は、ゆで鶏やオクラ、白髪ネギ、海苔などお好みで。

【ざっくりレシピ】㊱

鶏だし茶漬け

いつものお茶漬けを熱々の鶏ガラスープにチェンジすると、ひと味違う味わいに。具は梅干しや明太子、鮭、ほぐしたささみなどお好みで。わさびを添えてもおいしい。

次から次へと湧き出てくる鶏ガラスープの活用術を聞いて、改めて「だしは自由だ」と強く思った。かつおや昆布だしは和食だけではないし、鶏ガラスープは中華だけではない。何に使ったっていいのだ。

おうちごはんのグレードが格段にアップする鶏ガラスープ。まずは、100円の鶏ガラで、ぜひ試してみてほしい。スーパーでみつからなければ、店員さんに「鶏ガラはありますか?」と尋ねてみよう。きっと、あの銀色の扉の向こうから持ってきてくれるはずだ。

これを読んでくれたあなたが定期的に買い続けていれば、鶏肉売り場にレギュラー入りする日も夢ではない。いつか、きっと……。


鶏ガラに光を。

「カゴメ」に学ぶ、トマトのうま味活用術

トマトには、昆布に多く含まれているうま味成分「グルタミン酸」が豊富で、野菜の中でもズバ抜けてうま味がたっぷり。

和食の料理人の間でも、「トマトだし」が注目されているし、トマトケチャップでお

なじみの、カゴメ公式サイトのコンテンツ「トマト大学」では、トマト及びトマト調味料を「21世紀の新うまみだし」と表現し、今後ますますの需要拡大を図るという。

1年中、スーパーで気軽に買えるトマトだけに、その豊富なうま味成分を、おうちごはんでも最大限に活用したいもの。わたしは普段から、かつおだしとトマト缶を使ったミネストローネや、トマトと鶏肉の煮込みを作ったりはしているけれど、ほかにどのような使い方があるだろうか。

トマトのスペシャリストであるカゴメ本社に伺い、管理栄養士の上ノ堀聡子さんに活用術を教えていただいた。

日頃からさまざまなトマトの食べ方を研究している上ノ堀氏が、いまイチオシなのが、トマトソースを使ったうま味たっぷりの「トマトパッツァ」だ。「パッツァ」とは、イタリア語で狂う・暴れる・踊るという意味で、グツグツ沸騰している様子を表した言葉。

「『アクアパッツァ』という魚介の煮込み料理がありますが、『トマトパッツァ』は魚介と野菜、トマトソースの蒸し煮で、名前の通りトマトがたっぷり。トマトのグルタミン酸と魚介のイノシン酸のうま味の相乗効果が楽しめるメニューで、社内でも『フライパンひとつでとても簡単に作れて、野菜と魚がたっぷり食べられる』と好評です」（上ノ堀氏）

◎「カゴメ」直伝　トマトパッツァ

【作り方】
フライパンにトマトソースを入れ、鮭や鱈《たら》など好みの切り身とブロッコリーやキャベツ、ミニトマトなどの野菜を入れてふたをし、沸騰したら中火で10分煮込むだけ。

カゴメの「基本のトマトソース」なら、トマトと炒めた玉ねぎ、にんにくをじっくり煮込み、食塩、オリーブオイル、砂糖などで軽く味付けしてあるため、味付けすら不要という。一般的なトマトソース缶であれば、にんにくを少々入れ、仕上げに塩少々で調味するといいだろう。

さっそく、冷蔵庫にあったオクラとエリンギ、そして、冷凍庫に入っていたサバとあさりで作ってみたが、**10分で作ったとは思えない本格的な味わいに驚いた。**トマトのグルタミン酸と、サバのイノシン酸に加え、エリンギのグアニル酸、あさりのコハク酸まで加わり、4つのうま味が複雑に絡み合う。余っていたミニトマトも加え、トマトソースにさらにフレッシュな甘みが足されてとてもおいしい。中火で10分放っておくだけなので、その間にスープやほかの料理を作れるのもいいところ。

さまざまな魚介類と相性がよく、鮭や鱈などの切り身や、イカ、牡蠣などでもおいしく作れる。仕上げにチーズをのせると、チーズのグルタミン酸も加わり、うま味とコクがさらにアップ。子どもも喜んで食べそうだ。

日本古来の知恵である「昆布とかつお節の合わせだし」のように、昆布のグルタミン酸とかつお節のイノシン酸を掛け合わせることで、7~8倍もうま味がアップする「うま味の相乗効果」だが、トマト×肉・魚介類でも同様の効果が得られるということ。

夏場のそうめんやひやむぎなどのめんつゆに、ざく切りトマトやトマトソースを少量加えると、めんつゆのかつお節（イノシン酸）×トマト（グルタミン酸）でうま味もアップし、トマトのリコピンもとれて一石二鳥。普通のそうめんとはひと味違う、さっぱりおいしいトマトめんつゆになる。

グルタミン酸とイノシン酸が豊富な食材を頭に入れておき、「うま味の相乗効果」を意識しながら料理をすると、おうちごはんがもっとおいしく、楽しくなるはずだ。

いつもの料理がケチャップで減塩に⁉

もうひとつ、トマトケチャップを使った料理で興味深いのが、肉じゃがやぶり大根、豚汁などのおなじみの家庭料理にケチャップを使うという減塩メニューだ。

だしをきかせた料理が、うま味の効果で減塩になるということはよく知られているけれど、トマトケチャップにもグルタミン酸のうま味成分が豊富にふくまれている。さらに、醬油やみそに比べて塩分が約1／3以下と低く、この特性を普段の料理にいかそう、という驚きの発想だ。

基本ルールは、普段調理の際に使用している醬油やみその半量を、トマトケチャップに置き換えるというもの。

たとえば、通常大さじ3の醬油を使う料理の場合、「醬油大さじ1と1／2＋トマトケチャップ大さじ1と1／2」に置き換える。複雑なルールはなく、わかりやすい。これなら覚えやすそうだ。料理の色が全体的に多少赤くはなるが、気になるほどでもない。

教わったレシピで、特に気に入ったのが、鶏もも肉の照り焼き。分量も覚えやすく、調味料に肉を浸して焼くだけだ。

◎トマトケチャップで減塩　鶏もも肉の照り焼き

【材料】４人分
鶏もも肉……３２０g
（A）醤油、本みりん、カゴメトマトケチャップ……各大さじ１
サラダ油……大さじ１

【作り方】
①（A）を混ぜ合わせ、鶏肉を浸して１〜２時間くらいおき、汁気を軽く拭く。つけ汁はとっておく。
②フライパンに油を熱し、①の肉を入れて両面を色よく焼き、ふたをして、火を弱めて中まで火を通す。焦げる場合は、水50ml（分量外）を加え、蒸し焼きにする。

③　①のつけ汁を加えて味をからめる。
④　③の肉を食べやすい大きさに切って皿に盛る。

実際に作って食べてみると、ごはんが進むしっかりとした味付けで、とても塩分1％とは思えない。ケチャップの味が主張するわけでもなく、コクも十分。物足りなさはまったく感じない。それなのに、通常の鶏もも肉の照り焼きに対して34％も減塩になるという。(※)

さらに、トマトケチャップをお肉になじませると、酸性条件になることでたんぱく質を分解する酵素が活性化し、肉の筋繊維間が広がり、保水性がアップ。柔らかくジューシーな仕上がりになるという、うれしいおまけつき。

冷蔵庫で忘れられがちなケチャップだけれど、オムライスやナポリタンなどの洋食に使う以外に、〝減塩だし〟という意識でさまざまな料理に活用することで、活躍の場がさらに広がりそうだ。

※『家庭のおかずのカロリーガイド』（女子栄養大学出版部）に掲載されている鶏もも肉の照り焼きと比較。

コラム

家庭科ではだしをどのように教えているのか

小学校から高校まで習ったはずの、家庭科の授業。「習ったはず」とイマイチ自信がないのは、授業でどんなことを習ったか、ほとんど記憶にないからだ。そもそも、だしのとり方なんて学校で習っただろうか……？　教科書には載っていたのだろうか。

授業や炊事遠足などで料理を作ったのは、小学校のときのジンギスカンとカレーライスが印象に残っている（地元の北海道は、何かあればすぐにジンギスカンを囲む）。今回調べてわかったのだけれど、炊事遠足という学校行事は、どうやら北海道や東北地方限定のものらしい。簡単にいうと、野外で料理を作る授業で、「遠足がてら外でごはんを作って、みんなで食べましょう」というもの。

ジンギスカンは適当に焼けばできあがるけれど、カレーライスを作ったときの担任は、料理が苦手な男の先生。「梅津、じゃがいもの皮のむき方はこれでいいのか？」と聞かれたことをよく覚えているのだが、そんな先生が、だしのとり方なんて教えてくれただろうか。

調べてみたところ、小学校で家庭科の教科書を出している出版社は、東京書籍と開隆堂の2社ということが判明。両社の最新の教科書を入手して見てみると、どちらにもちゃんと、みそ汁の作り方が載っている。「だしを準備する」という工程に使われているだし素材は煮干しで、頭と腹わたの取り方まで、イラストや写真でわかりやすく紹介されていた。

一方、わたしが小学生の頃の教科書（30年前！）にもみそ汁の作り方が載っており、だしはやはり煮干し。ただし、こちらは頭と腹わたの詳しい取り方までは載っておらず、「頭と腹わたをとりのぞく」「3つか4つにちぎる」というざっくりとした解説。今の教科書のほうが親切だ。

これらの教科書は全国で使われているが、だしはみんな煮干しなのだなあ……と思いながら、教科書図書館（という施設があるのだ）で古い教科書をめくっていると、興味深い事実が判明。

1961年使用開始の『新しい家庭科』（東京書籍）には、「にぼし（けずりぶし)」と明記されていたのだ。

煮干しは、高価なかつお節の代用品として普及していったこともあり、かつてはこのように表記していたのだろうと推測する。


2017年3月に公示された、最新の「新学習指導要領」によると、これまでよりも、さらにだしの重要性に触れている。

小学校の「家庭」では、「米飯及びみそ汁の調理においては、和食の基本となるだしの役割に触れるなど日本の伝統的な食文化の大切さにも気付くことができるようにしている」、中学校の「技術・家庭」では「地域の食材を用いた和食の調理については、だしと地域又は季節の食材を用いた汁物又は煮物、日常の食事として食べられている和食を取り上げること。また、小学校で学習しただしの役割を踏まえ、だしの種類や料理に適しただしの取り方に気付くことができるようにする」と明記されている。

ちなみに、小学校は2020年から、中学校は2021年から実施されるが、これらの指導要領を先取りして行われたとある授業がある。朝日新聞（2017年3月31日）に掲載され、とても興味深い内容だったので概要を紹介したい。

千葉県南房総市の千倉中学校で、1年生80人を対象に「だしそむりえ」と題しただしの授業を行い、4種のだし（昆布、煮干し、市販の顆粒だし、かつお節）の飲み比べを行ったところ、半数以上の生徒の一番好きなだしが、顆粒だしだったというのだ。

次に行ったみそ汁の飲み比べでは、インスタント、煮干し、市販の顆粒だし、かつお節の4種類を、具を除いて飲み比べたところ、一番人気はこちらもやはり顆粒だし。「家の味がする」と答えた生徒もいたというので、慣れ親しんだ味ということもあるのだろう。

「いつもの味」という感想ならばわかるのだけれど、天然のだしよりも顆粒だしを「おいしい」と感じるのは、何ともさみしい。やはり、本物のだしをおいしいと思える味覚を養うためにも、日頃から家庭料理でだしを使うことや、食育の大切さを改めて感じた記事だった。

四、だしをたずねて

だしのある暮らしがあたりまえになってくると、外出先でも「だし」と「うま味」というキーワードに敏感になってくる。

和食店やレストランで、だしやうま味のきいた料理を食べると、シェフに家で作る場合のコツをたずねてみたり。もちろん、同じものが作れるわけはないのだけれど、プロのエッセンスをおうちごはんに取り入れるだけでも、日々の料理が充実し、楽しくなる。

だし生活が身についてから、よく行くようになったのが、乾物や昆布の専門店だ。顆粒だしやだしパック生活だった頃は、失礼ながら地味な存在に思っていたこれらのお店にはまったく関心がなく、一度も行ったことがなかった。今は、仕事や旅行で地方に行くと、こういったお店に行くのがとても楽しい。初めて見るだし素材の使い方を店員さんから教わったり、乾物使いや昆布に関して、半端ではない知識を持つ〝その道のプロ〟と話したりするのは、勉強になることだらけで、どんどん乾物が好きになり、今では家にもさまざまな乾物を常備している。

この章では、関東と関西を中心に、わたしが訪ね歩いた「だし」と「うま味」がキーワードのお店をご紹介。みなさんのだし生活が、もっと豊かに、もっと楽しくなりますように。

【関東編】

●だし料理

老舗かつお節メーカー、にんべんの本店内にある「日本橋だし場」では、専門店ならではの、香り高く、うま味たっぷりのかつおだしが一杯100円で楽しめる。

国内でも珍しいこのおだしスタンドには、仕事の休憩時間にふらりと立ち寄り、オフィスに持ち帰る常連客も多く、まさにコーヒー感覚。極上のおだしでほっとひと息つけるのだ。トマト仕立てやクリーム仕立てのかつおだしもあり、「だし＝和風だけじゃない」という大きな気づきを与えてくれた。

すぐ近くにある「**日本橋だし場　はなれ**」では、落ち着いた雰囲気の店内で、だしのきいた創作料理が楽しめる。炊き込みごはんやだし椀などの和食はもちろん、ハンバーグやスフレオムレツなどの洋風メニューもあり、だし使いのヒントが満載だ。

同じく**日本橋にある立ち食い蕎麦の「そばよし」は、かつお節問屋直営、つゆが自慢**

のお蕎麦屋さん。一見チェーン店っぽい店構えで、価格もかけそばが一杯290円というチェーン店プライスだが、クオリティがすごい。かつおだしのきいた化学調味料不使用のつゆに、自家製麺。かきあげやちくわ天などの天ぷら類に、めかぶや長いも、きのこそばなどの季節限定メニューなど、思わず目移りするほど種類も豊富なのだ。

多くの客が注文する、名物「おかかごはん」は、工場でかつお節を削る際に出る粉かつおを利用したアイデアメニューで、ごはんを注文すると粉かつおがかけ放題。醤油をひとたらしすると、「日本人でよかった！」と思わずにいられない、うま味たっぷりのおいしさだ。日本橋という立地ながら、数百円でささっと楽しめる貴重なだしグルメ。覚えておいて損はない。

築地に移転する前の魚河岸があった日本橋には、今でも乾物店が多く、にんべんのほかにも、かつお節の「八木長本店」や「大和屋」、海苔の「山本山」「山本海苔店」、昆布の「奥井海生堂」など、あっちにもこっちにも老舗がある。乾物は軽くてかさばらず、長期間持つということもあり、立ち寄るたびにあれこれ買っては、家でせっせとだしをとっている。

JR品川駅構内「エキュート品川サウス」にある「おだし東京」は、人気スープ専門店「スープストックトーキョー」が手がけるだし料理店。

「8種のおだしと真鯛のお椀」は、仔牛の肉や骨でとったフォン・ド・ヴォーや、あさりなどでとるフュメ・ド・コキーユ、オマール海老だしのアメリケーヌなどの洋のだしに、和の昆布や鰯《いわし》など、幾重にもだしを重ねた贅沢なお椀。変幻自在なだしのすごさを思い知らされる一杯だ。

朝食メニューもあり、「はかた一番鶏の朝粥」「オマール海老のみそ汁」など、駅の構内とは思えない落ち着いたカウンター席で、体も心もほっとするだしメニューが朝から楽しめる。

●だし茶漬け

だしのおいしさが堪能できる、半蔵門のだし茶漬け専門店「雅なだし」は、真昆布や鯛の煮干し、宗田節、焼きあごなど、国産のだし素材をふんだんに使用。家ではとても真似できないこだわりの天然だしで、「黒毛和牛なだし茶漬け」「鮭&いくらなだし茶漬け」など、ちょっと贅沢な創作だし茶漬けが楽しめる。

●うどん

出版社と古書店の多い神保町は、おいしいお店が多数あり、誘惑の多い街でもある。打ち合わせに出向くことも多いのだが、**「だしのきいた、おいしいうどんが食べたい」と思ったときに、迷わず行くのが「うどん　丸香」**だ。東京にある讃岐《さぬき》うどんの名店で、まず、ものすごく大きな文字で、「うどん」と書かれたのれんの佇《たたず》まいに圧倒される。

人気店ゆえ、行列していることも多いが、回転も速い。わたしはピークの時間帯を外していくことが多いので、わりといつも、すんなり入れる。

店内は、讃岐うどんならではのいりこだしの香りに包まれて、さっそく幸せな気持ちに。そして、テキパキとしたオペレーションが、とにかくお見事。広い店内で、「かけ」「つけ」「釜上げ」「釜たま」など、複雑な注文を間違わずに、しかも、それほど待たずに持ってくる。見ていてほれぼれするくらい素晴らしいオペレーションなのだ。

運ばれてきたうどんは、透明感のある黄金のつゆに、ピシッと揃って弧を描く麵。いやー、うっとりするほど美しい。

コシの強い麵は、モチッとした食感で、しっかりとした嚙みごたえ。ボリュームのあるサクサク天ぷらも安定のおいしさで、つくづく、「だしと麵と天ぷらは、なんと最高の組み合わせなのだろうか」と思わずにはいられない。

●あごだししゃぶしゃぶ

あごだしを満喫したくなったら、浜松町や田町など、都内数カ所に店舗がある「アゴ出汁しゃぶしゃぶ・炉端焼　五島人」へ。あごだしの本場、長崎県の五島市公認居酒屋で、現地から届くいきのいい鮮魚や、上品なコクとうま味が特徴のあごだしでいただく、五島豚のしゃぶしゃぶを心ゆくまでたっぷりと。

●利尻昆布ラーメン

ラーメン王国北海道出身のわたしは、ラーメンも大好きだ。東京には無数のラーメン屋があり、新店も続々とオープンしている。

だし生活を始めてからは、ラーメンに使うだしの組み合わせにも興味津々で、「こんな組み合わせがあるのか」と、いつも感心しながらカウンターから厨房をこっそりとのぞいている。乾物問屋で働く知人も、「**今、飲食業界で、だしについて一番勉強熱心なのはラーメン屋**」と断言していたが、これにはほんとうに同感だ。さまざまなだしを重ね、オリジナルの一杯にかけるあの情熱。次から次へと誕生するラーメン屋を見るたびに、「ラーメン屋は体力も必要で大変だろうけれど、工夫し甲斐があって、夢があるなあ……」とすら思うのだ。

普段あまり行かない街に行くときには、話題のラーメン屋をリサーチするのだけれど、**西新橋でみつけたのが**、「**利尻昆布ラーメン　くろおび**」だ。利尻昆布は、いわずと知れた高級昆布。特に京都で愛されており、多くの日本料理店で使われている。看板を見た瞬間、「え、高価な利尻昆布をラーメンに使えるの?」と、まず驚いた。

店内に入ると、カウンターに置いてある「利尻昆布ラーメン物語」に目がいく。

「おいしいのに子供でも安心して食べられるラーメンが作れないか」

これが、同店の出発点だったという。「おいしさ」と「安心」を両立させるには、化学調味料は使いたくない。化学調味料について勉強し、「その組成が昆布にふく白い粉と同じである点に注目した」とのこと。「昆布にふく白い粉」とは、うま味成分「マンニット」のことを指していると思われる。

「ダシの王は昆布、昆布の王は利尻昆布、すなわち、利尻昆布は『ダシの中の王の中の王』ということになります」

つまり、店主が利尻出身というわけでも、「利尻の昆布漁師に知り合いがいるから」というわけでもなく、「ダシの中の王の中の王」だから選んだということだ。

ラーメンは塩と醬油の2種あり、醬油派としては迷わず「くろおびラーメン　醬油」を注文。贅沢に使った利尻昆布だしに、動物系や野菜、魚介系などさまざまなだしを重ねた複雑なうま味は、無化調なのがよくわかる、体に沁《し》み入るやさしい味わいで、まろやかな昆布がすべてのうま味をまとめ上げ、毎日でも食べられそうな安心のおいしさ。京都の料亭などでも多く使われている高級昆布ということを考えると、一杯1000円でも安く感じるくらいだ。

「せっかくの無化調ラーメンを、漂白剤と防腐剤まみれの割り箸にじゃまされたくない」と、箸にまでこだわり、奈良県吉野産ヒノキの割り箸を使用。安心・安全への熱い想いが存分に伝わってくる。

ちなみに、利尻昆布を使ったラーメンは、『ミシュランガイド北海道2012特別版』

で、「ビブグルマン」（星はつかないが、おもに5000円以下で良質な料理を楽しめる店を選出）に選ばれた、利尻の「らーめん味楽」が「新横浜ラーメン博物館」に出店している。同店は、店主の親戚が利尻で昆布漁をしており、通常よりも安価で仕入れることができるため、高級な利尻昆布をふんだんに使えるのだという。こちらは一杯900円。

両店とも、普通だったらなかなか使えない高級昆布をたっぷり使った、昆布好きにはたまらない贅沢なラーメン。食べ比べてみるのも、また楽しい。

●昆布〆フィッシュバーガー

本格的なハンバーガーを出す店はたくさんあるけれど、**渋谷の「deli fu cious」（デリファシャス）は昆布締めのフィッシュバーガーがウリという変わり種。**「デリファシャス」とは、「めちゃくちゃおいしい」という意味の造語とのことで、元寿司職人が作る「昆布〆フィッシュバーガー」は、その日の仕入れで魚が変わる。

わたしが食べたことがあるのはシイラとサワラで、揚げたて熱々の昆布締め白身魚のフライに、和風だしのきいた、とろろ入り豆腐ソースがとろ〜りとかかっている。野菜やたくあんの歯ごたえもよく、元寿司職人だけあって、細かい部分まで仕事がていねい。ほかでは食べられない、うま味のきいた和のバーガーは驚きに満ちている。

●ウマミバーガー

もうひとつハンバーガーネタ。２００９年にロサンゼルスで誕生した**「UMAMI BURGER」が、２０１７年春に日本上陸。**店名の通り、うま味に着目したバーガーが、うま味の本元であるわが国に、黒船のごとくやってきたのだ。

うま味の多い食材を用い、うま味成分を最大限に引き出す調理法で作るという、まさにうま味尽くしのハンバーガー。好きな言葉は「うま味」であるだし愛好家としては、これは真っ先に行かねばならぬと、青山にできた店舗に、オープン早々行ってきた。

看板メニューの「ＵＭＡＭＩバーガー」は、ビーフパティにじっくりローストした椎茸やトマト、さらに、パルメザンチーズにキャラメリゼしたオニオンなど、これでもかというくらいにうま味を重ねた、まったく見たことのないハンバーガーだった。

「ひとりだし、誰も見てないからいいや」とあごが外れそうなくらいに大口をあけてかぶりつくと、トマトとチーズのグルタミン酸にビーフのイノシン酸、そして椎茸のグアニル酸というあらゆるうま味成分が口の中で入り乱れ、これはもう「うま味の千手観音」。千の手で膝を打ちまくったのであった。

ロサンゼルスの本店は、開店間もなく評判となり、『TIME』誌が選ぶ「史上最も影響力のある17のバーガー」に選出されたこともあるといい、日本が誇る「うま味」は、「UMAMI」として世界で愛されていることを実感したのであった。

●だし巻き卵サンド

サンドウィッチがブームの今、だし巻き卵のサンドウィッチも増えている。芸能人の差し入れとしても人気の高い、**麻布十番「天のや」**の**「玉子サンド」**。

わたしはアンジャッシュの渡部建さんが出したグルメ本、『芸能界のグルメ王が世界に薦める！ 東京 最強の100皿』（文藝春秋）の出版記念パーティーの会場で、初めてこの玉子サンドを食べたのだが、関西風のだしをたっぷりと使用したふわふわのだし巻き卵に、マスタードをピリッときかせたマヨネーズソースがよく合い、3回おかわりをしたほどおいしかった。

近年、「奥渋谷」と呼ばれ、注目度が高まっている神山町で話題なのが、「**キャメルバ**

ック　サンドウィッチ&エスプレッソ」の「すしやの玉子サンド」だ。元寿司職人のスタッフが、ていねいに焼くだし巻き卵は、芸術品のような美しさ。もちもちのコッペパンに発酵バターを塗り、和がらしを合わせた玉子サンドは、人気がありすぎて売り切れ必至。濃い目のエスプレッソともよく合う。

日曜日の14時頃に行ったときはとっくに売り切れで、開店直後に行ったリベンジの2回目で、ようやくありつけた。確実に入手したければ、早めに行くのがおすすめだ。

●アンテナショップ

昆布の消費量が多い県のアンテナショップには、興味深い昆布製品が多数並ぶ。総務省の家計調査（2014～16年の平均）では、**富山県が年間昆布購入額の1位**で、**日本橋にある「日本橋とやま館」でも多数の昆布製品を取り揃えている。**昆布をくるりと巻き込み、断面がまるでひらがなの「の」の字のようにも見える昆布巻きかまぼこや、さまざまな魚の昆布締め、昆布を練り込んだうどんなど、ほかではあまり見かけない昆布製品がいっぱい。富山県には行ったことがないけれど、「現地ではこんなに昆布が身近なものなのだなあ……」と思いながら、楽しくてつい買いすぎてしまうのであった。

【関西編】

●昆布専門店

関西に行くと、昆布専門店の多さに驚く。地下街を歩いていても、商店街にも、あちこちに昆布屋さんがあり、スーパーにはなかなか並ばないような、上質な昆布を入手しやすい環境が整っているのだ。さすが昆布文化の街ということを実感させられる。

大阪の地下鉄長堀鶴見緑地線・谷町線の谷町六丁目駅より徒歩3分、空堀商店街にある「こんぶ土居」は、趣のある佇まいの昆布専門店。漫画『美味しんぼ』にも登場したことがあり、だし用の昆布をはじめ、ふわふわのとろろ昆布「白とろろ」や刻み昆布、佃煮、昆布飴など、オリジナル製品が多数並ぶ。加工食品には、誠実に作られた醤油やみりんなどの伝統調味料を使用し、添加物は一切使用していない。目移りするほどの豊富な品揃えで、きっと、「早く帰って食べたい！」と思うはずだ。

京都の「京昆布舗　田なか」は、「昆布の文化を守りたい」と、若い店主ががんばっているお店。昆布製品のほか、だし酢やだしポン酢などの調味料も好評だ。千鳥のロゴマークなど、パッケージもかわいらしく、日々の料理を作る主婦たちに話を聞くと、「かわいいパッケージだと気分もあがる」「料理が楽しくなる」という声も多い。普段昆布を使わない人たちが、手に取るきっかけにもなるのではと感じた。

伏見《ふしみ》の「おこぶ 北清」は、ポップなネオンの「昆」看板が目をひく、だしカフェ&だしバー。昆布専門店を営む店主が、「だしのある生活をもっと身近なものにしたい」と、攻めの大リニューアルをして話題になっている。

昼はだし茶漬けやおかきが添えられた天然の昆布茶でホッとひと息。夜はだしバーとして、だしをきかせたおばんざいと、酒どころでもある伏見の日本酒が楽しめる。おばんざいメニューは、昆布とクリームチーズの盛り合わせや、だしポテサラなど、斬新な昆布使いがとても新鮮で、家でもまねしたくなるものばかり。こだわりのインテリアや器もおしゃれで、「新しい風が吹きまくっている昆布屋さん」といった風情。かなりのツボである。もちろん、昆布も販売しているので、気に入ったらその場で買うこともできる。

京都に行くと、必ず錦市場《にしきいちば》に立ち寄るのだけれど、先日久しぶりに行ったら、「こんなに乾物屋があったんだ」と驚いた。だし生活以前はまったく目に入っていなかったので、いかに興味がなかったのか……。**いくつかある中でも、特におもしろいと思ったのが「田邊屋」。**乾物と鶏卵を扱う老舗で、昆布やかつお節などのだし素材以外に、たまごかけごはん醤油や、カラフルな五色のごまなど、目をひく商品が多数。グローサリーショップに近い感じで、入りやすい雰囲気もいいなと思った。

●うどん

京都に来たら、「仁王門うね乃」もはずせない。週末は行列のできる、だし専門店が運営するうどん屋で、定番のきつねうどんから、熱々の鍋焼きうどん、湯葉や生麩《なまふ》が入ったしっぽくうどんなど、何度も通って全種類制覇したくなる魅惑のラインナップだ。こだわりのだしは、最後の一滴まで飲み干したくなるおいしさで、体のすみずみまでしみわたる。

●たこ焼き・明石焼き

数年前、甲子園のアルプススタンドで吹奏楽部の野球応援を聴いていたときのこと(吹奏楽部出身のわたしの趣味は、ブラバン応援を聴きに球場に通うことである)。某強豪校の吹奏楽部顧問が、「梅津さん、だしといえば」と教えてくれたのが、**元祖たこ焼き屋「会津屋」**だ。

「うちにいた野球部員のじいちゃんの店で、ソースをかけずにだしの味で食べるんです」

「慣れ親しんだたこ焼きに元祖があったとは!」(そりゃそうか)という驚きと、「野球部員のじいちゃん」「ソースをかけない」など、さまざまなことがいっぺんに頭の中を駆け巡り、「これは行かずにはおれん」と、その日の夜にさっそく向かった。

どう見てもパチンコ屋にしか見えない「スーパー玉出《たまで》」の迫力にあっけにとられながら、玉出駅そばにある本店に到着。中皿15個を注文し、焼きたて熱々の元祖たこ焼きをほおばる。だしのきいた小ぶりのそれは、ソースや青のり、マヨネーズなどが一切かかっていないので、軽くていくらでも食べられそうだ。ジャンクなソース味よりも、だしのきいたこの元祖がとても気に入り、ほかのたこ焼き屋に行っても、ソースをかけてもらわずに食べることも増えた。

公式サイトによると、たこ焼きができたのは1935年のこと。牛肉やこんにゃくを入れて焼いていた「ラヂオ焼き」がルーツで、中にたこを入れて焼いたのが始まりとのこと。

「お客様の『大阪は肉かいな。明石はタコ入れとるで』の一言がヒントとなり、生地の中にタコを入れ初めて『たこ焼き』と名づけ、たちまち世間の好評を得ました」(会津屋公式サイトより)

とあり、どうやら、たこ焼きのルーツはやはり明石焼きにあるようだ。ソースをかけず、大きさも通常のたこ焼きよりも小さめサイズ。これは、「ビールを片手に、手でつまめるものに」という初代のこだわりとのこと。たしかに、通常のたこ焼きならばひと口で食べられず、箸で半分に割って食べることが多いが、元祖たこ焼きはひと口サイズ。初代のスタイルを、現在も頑《かたく》なに守っているという。

さて、たこ焼きのルーツといわれる明石焼き。形はたこ焼きのような丸型だが、ふわふわとろりんとした生地を、たっぷりのだしに浸して食べるというもの。だしが好きになってからは、この明石焼きも大好きになった。東京ではたこ焼き屋で一緒に販売しているケースが目立つが、本場の明石市内には、なんと70軒以上もの明石焼き専門店があるという。一度はぜひ本場で食べてみたいと思い、明石駅へと向かった。

駅を降りると、あっちもこっちもたこ！　たこ！　たこ！　さすがたこが名産というだけあり、キャラクターからポスター、ディスプレーの大漁旗など、どこを向いてもたこだらけ。明石焼きの店も、いたるところに点在している。

この明石焼き、地元では「玉子焼」と呼ばれており、どこの店も、看板には玉子焼と書かれている。

まず向かったのは、**大正13年（1924）創業の「本家　きむらや」**。歴史を感じさせる看板の下には、すでにずらりと行列ができている。待つこと数十分。奥深いうま味を感じる昆布といりこなどでとっただしを、ふわふわの玉子焼にたっぷりと含ませる。

当然ながら、口の中がやけどしそうなくらい、めちゃくちゃ熱いが、「これが本場の味かー！」と、1人前20個を早々に食べきり、感動のあまり自宅用に冷凍玉子焼を注文。東京でもこの味が楽しめるとは、ありがたい限りである。

「はるばる明石まで来たからには、せめてもう1軒は行かないと」と、次に向かったのが、**魚の棚商店街の「たこ磯」**。

どの店も1人前が15〜20個で、「本家　きむらや」で食べた20個で既に腹パン状態。しかし、どの店もハーフサイズなどはなさそうだったので、男気を出して1人前（15個）を注文する。

見た目は、玉子焼もだしも似たような感じなのだけれど、間を空けずに2軒食べてみると、かなり違うのがわかる。生地はこちらのほうが若干とろとろ感が強い。ふわふわだけど崩れることもなく、ぷるっぷる。だしは、かつおが強めな感じで、とてもおいしい。

ほんとうだったら4、5軒回りたいところだけれど、ひとりだと2軒35個で限界。2人で行けば、シェアすれば5軒は回れるのではないだろうか。

●だし茶漬け

それにしても、関西はだし天国。さすが昆布文化が根付いているだけあり、「料理に昆布だしを使うのはあたりまえ」ということがよくわかる。甲子園期間中は数日間大阪に滞在しているため、気になっているだしグルメは片っ端から訪ねたい。

阪急三番街を歩いていて気になったのが、だし茶漬けの「だし蔵」。「漬けまぐろのおだし茶漬け」「鰻のひつまぶし風おだし茶漬け」など、プチ贅沢なだし茶漬けがずらりと並ぶ。わたしは、家ではなかなか食べられない天茶（天ぷら茶漬け）が好きなので、「小海老・小柱・磯辺のおだし天茶漬け」を注文した。サクッと揚がった天ぷらがだしと融合し、さらにうま味を増す。小鉢と漬け物が付き、ひとり夜ごはんにぴったりで、実際、カウンター席は仕事帰りと思われる女性でいっぱいだった。

●肉吸い

関西食い倒れだしグルメの締めは、**難波千日前《なんばせんにちまえ》「千とせ」**の「**肉吸い**」。これも、前出の某野球強豪校の吹奏楽部顧問に教えてもらった店で（関西だし情報の多くは、アルプススタンドで収集している）、「まるで妖怪のような料理名だけど、一体何なのだろう」と怪訝《けげん》に思いつつ、現地へと向かった。

あいにく本店が定休日だったため、すぐ近くにあるなんばグランド花月の「千とせべっかん」へと入る。

「千とせ」は、もともと肉うどんが評判のお店で、地元の人たちだけではなく、吉本興業所属の芸人たちにも愛される店だったという。名物「肉吸い」は、吉本新喜劇の俳優だった花紀京《はなききょう》が、二日酔いで店を訪れた際、軽く食事をしたかったことから「肉うどん、うどん抜きで」と注文したことが始まりとのことだ。

肉うどんのうどんの代わりに半熟卵を加え、かつお節とウルメイワシがベースのだしに、少し甘めの牛肉がたっぷり。半熟卵に、青ネギをトッピングし、熱々をいただく。これに、小サイズのごはんに生卵を落とした卵かけごはん、通称「小玉」を組み合わせるのが定番の頼み方。しっかりとだしのきいたつゆに、甘い牛肉。「これぞ大阪」といった組み合わせは、まさに食い倒れだしグルメ巡りの締めにふさわしいものであった。

五、　北と南、だしの謎を巡る旅

最後の章では、北海道と長崎を訪れた「だしの謎解き旅」を紹介したい。日本列島の北と南に位置するこの2つの地域は、現在のだし事情を語る上で欠かせない。

北海道は、昆布の国内生産量の約90％を占める。それでいて、年間昆布購入金額は全国最下位という不思議な場所である。

一方長崎県の上五島《かみごとう》は、だしブームの中でも最も熱い「あごだし」の地元。だが、ここ数年のあごだしフィーバーで、どうやら大変なことになっているらしい。

昆布の一大産地北海道は、なぜ購入金額が全国最下位なのか

わたしたちが料理やだしをとるのに使っている昆布のほとんどが北海道産で、国内生産量の実に約90％。その他は、青森県や岩手県などの東北地方だ。

一方、総務省の家計調査（2014～16年の平均）によると、全国の県庁所在地と政令指定都市の1世帯（2人以上）当たりの年間昆布購入金額は、札幌が660円と52都市で最下位という結果に。ちなみに1位は富山市の2352円で、昆布が大好きな北海道出身者としては寂しい限りだが、残念ながら、札幌の順位が低いのはもう長い間おな

じみのことなのだ。それにしても、20位や30位ではなく、ビリである。なぜ全国一の産地が最下位なのか。これにはいくつかの要因が考えられ、ひとつは江戸時代までさかのぼる。北前船の影響だ。

北前船でどんどん道外へ

北前船とは、江戸時代から明治時代にかけて、蝦夷地（北海道）の港から大坂（大阪）や江戸へ、魚や米などを運んでいた船のこと。瀬戸内海を通って大坂へ向かう西回り航路で、蝦夷地で獲れたニシンや昆布などが運ばれていた。大坂や京都、江戸などのほか、薩摩から琉球を経て、清国（中国）まで昆布が運ばれており、その道筋は「昆布ロード」と呼ばれている。富山や敦賀《つるが》、関西などの寄港地では、昆布だしをはじめ、北陸のとろろ昆布や昆布締め、大阪の佃煮、昆布と豚肉、野菜を炒めて食べる沖縄の「クーブイリチー」など、現在でも料理に昆布を多用する食文化が根付いており、昆布の購入金額も高い。

『昆布と日本人』（奥井隆）によると、当時、昆布は貴重な品で、食用というよりは細かく削って薬として珍重されていたという。鎖国下にありながら、外様大名の薩摩藩は琉球王国とまず貿易を行い、その後、琉球王国と朝貢貿易を行っていた清国と、いわゆる「抜荷《ぬけに》」と呼ばれる密貿易を始める。その際、清が求めていたのが昆布だった。内陸部に住む人々は、慢性的にヨウ素不足で、甲状腺を患う人が大勢おり、ヨードやカリウムなどのミネラルが豊富な昆布が珍重されていたのだ。

詳しくは同書に譲るが、蝦夷地の昆布は富山藩経由で薩摩藩が入手し、琉球王国を経て清国へと渡っていたというわけである。

そんなに高価で珍重されていた昆布なのだから、北海道内で流通させるよりも、北前船に積んでどんどん道外へ送られていったのであろう。明治時代に入ると、20年代から北海道への移住者が急増。北前船は、鉄道網が発達したことなどにより、明治30年代に終幕を迎える。

伝統的な食文化が少ない

北海道は、最初から生活しているアイヌ民族の人々以外は、日本中からの移住者によって成り立っていることはよく知られている。さまざまな土地から移住してきているということは、本州に比べて、古くから地域に伝わる伝統的な食文化が少ないということにもなる。いい換えると、日本各地から移ってきた人々の、それぞれの出身地域の食文化が融合し、現代に伝わっているものもあるということであろう。

ちなみに、かつお節の購入金額1位は那覇市。2位高知市、3位浜松市、4位静岡市と続く。1位の沖縄には、かつて数十のかつお節工場があったということと、薬膳志向の強かった琉球王朝では、宮廷料理でかつおだしを使った低塩分の薬膳料理が考案されたといわれており、そのような食文化が残っているものと考えられる。沖縄市内の市場には、かつお節がずらりと並び、その場で削って袋詰めもしてくれる。スーパーでも、東京では見たことのないくらい、多くの種類の削り節パックが並び、とにかくかつお節棚の面積が広くて驚く。高知と静岡は鰹の産地であり、かつお節のお膝元だ。このため、購入金額も上位ということであろう。

一方北海道は、昆布の一大産地にもかかわらず、購入金額は最下位。このことについて、水産関係者はどのように思っているのだろうか。また、何か対策は講じているのだろうか。わたしは一路札幌へと飛び、「北海道ぎょれん」こと、北海道漁業協同組合連合会へと向かい、話を聞いた。

「最下位という結果は、やっぱり寂しいですね。ただ、長年の間このような結果ということもあり、正直、『ああ、またか……』といった気持ちもあります」と、販売企画部の村田政隆氏は肩を落とす。そして、こうも続ける。

「全国から入植している北海道には、そもそも『だしをとる』という文化がありませんでした。昆布の産地に住んでいる人は、だしをとったり料理に使ったりもしますが、産地以外の人は、昆布を使う文化自体がほとんどないのです」

北海道出身としては、これはとてもよくわかる。だしについて取材をしていると、たしかに、かつお節や昆布、焼きあごなどを使う地域のように、「『この地域はこのだし』という文化が、北海道にはないなあ……」とは、常々感じていた。札幌の実家は、たまたま煮干しでみそ汁を作っていたけれど、同年代である地元のアラフォー世代の友人たちに話を聞くと、「親は最初から顆粒だしを使っていた」と答える人も多い。

入植者である祖先が、「日常的に昆布だしを使う関西出身」という場合など、親が昆布を日常的に料理に使っていれば、家の味で育った子どもが大きくなったときにも昆布を使って料理をするようになるだろう。しかし、そのようなお手本が身近にいないことには、まずスーパーで昆布を手に取ろうとも思わないのではないだろうか。少なくとも、わたし自身はそうだった。実家で昆布を使うのは、せいぜい冬の鍋と昆布巻きくらい。実際、前出の友人たちも、やはり「鍋と昆布巻きくらいしか使わない」という声が目立つ。ゆえに、「昆布を買うのは年に数えるほど」という人が多いのではないだろうか。

「もらい昆布」とは何か

このように、昆布の一大産地にもかかわらず、購入額が最下位という現実には、北前船の歴史や本州からの入植事情、食文化など、さまざまな要因がからんでいると推測される。そしてもうひとつ、看過できないのが「もらい昆布流通」だ。昆布を料理にまったく使っていないわけではなく、もらう機会が多いのだ。道民の中には、「気が付けば家に昆布がある」「どこかからもらってくるので、買ったことがない」という人がとても多い。

メディアにもよく登場する、東京の人気和食店「分とく山」の料理長・野崎洋光氏も愛用し、わたしも札幌帰省時にまとめ買いしに行く真昆布専門店「佐吉や」の店主、佐々木惇氏も、「道内のもらい昆布流通は、実は相当な数に上るのではないか」と実感しているという。

「うちの常連さんでも、しばらく顔を見ないなあと思っていると、『もらい昆布がようやくなくなったので』と、久しぶりに買いに来てくれる人が少なくない。『昆布産地の知人から一度に10キロも昆布が届くので、なかなか使い切れない』という知り合いもいる。正確なデータはないけれど、無視できないくらいの数のもらい昆布流通が起きているのではないでしょうか。どこかで調べてほしいくらいですよ」と笑う。わたしの周りにも同様のケースが多く、「たしかにそれはあるかもしれない」と思い、まずは身近な友人たちにアンケートをとってみることにした。

LINEでグループを作っている高校時代の吹奏楽部同期15名に、昆布の入手経路について質問してみたところ、実に半数近くの7人が「もらい昆布」という回答だったのだ。

FM北海道が調査に協力してくれた!「お宅の昆布はどこから?」

しかし、これはたまたまわたしの同期に、偶然もらい昆布が多いだけかもしれない。

そんなことをSNSに投稿していたら、札幌時代に働いていたFMラジオ局「AIR－G'」（FM北海道）のディレクターの目に留まり、「うめちゃん、それおもしろいから番組でアンケートとってみようか」と申し出てくれたのだ。「それなら、もっとたくさんのデータがとれるかもしれない」と、さっそくお願いし、ありがたいことに、2日後には実現。長年にわたり、道内のラジオ番組などで活躍中の北川久仁子さんがパーソナリティーを務める、「brilliant days」という朝の番組だ。

「緊急リサーチ！　おたくの昆布はどこから?」と題し、生放送と連動してネット投票を行い、結果を番組内で発表するというシステムで、次の5つの中から回答を選び、任意のコメントとともに投票してもらう。

①自分で買った
②親類縁者からのいただきもの
③冠婚葬祭の引き出物
④出所不明
⑤そもそも家に昆布がない

最初のうちは「自分で買った」が1位。次第に「親類縁者からのいただきもの」がぐんぐん伸びて、ついに逆転。次のような結果となった。

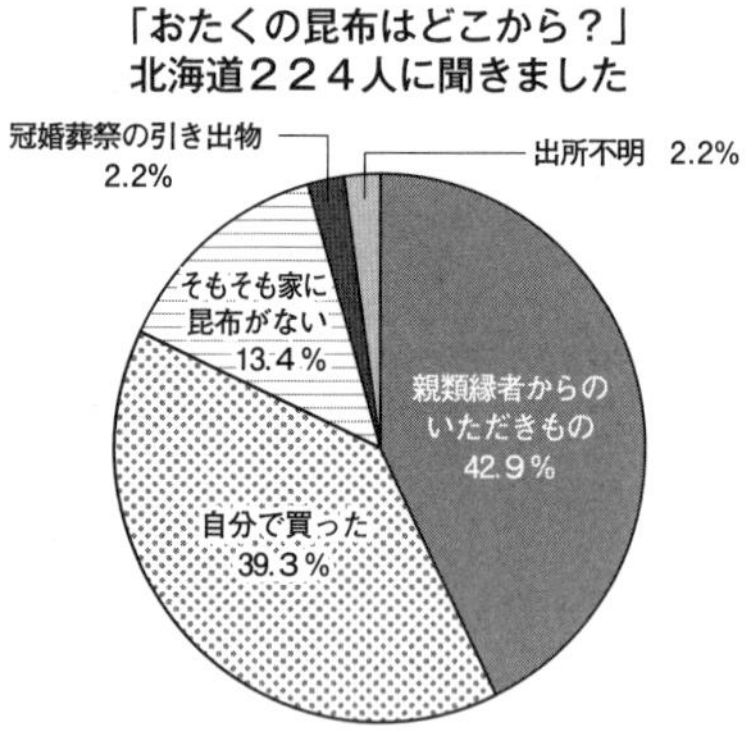

1位「親類縁者からのいただきもの」(42・9%)
2位「自分で買った」(39・3%)
3位「そもそも家に昆布がない」(13・4%)
4位「冠婚葬祭の引き出物」(2・2%)
4位「出所不明」(2・2%)

(回答数：224人)

なんと40%以上がもらい昆布という驚きの結果に……! 寄せられたコメントは、概ね次のようなものだった。

「結婚20年、主人の実家からいただくので一度も購入したことがない。鍋物、煮物の時に使う程度」
「毎年、知人から利尻昆布をいただく。知人は以前、仕事で利尻町に住んでいたことがあり、以来、毎年島の人が送ってくれるそう」
「友人からのお土産でもらったり、また親から届く荷物に入っていたり。だいたい、昆布がなくなる頃に何故かどこかからやってきて、切らしたことがない」

「増毛《ましけ》のお祭りに行った際、昆布のつかみ放題でゲット」

「親戚や知り合いからよくもらう。『昆布は買うものではなく、もらうもの』という感覚」

「伯母の家が海のまん前。海が荒れたあとに、流れ着いた昆布を拾いに行き、干して送ってくれる。買ったことはなし」


このように、昆布の産地に住んでいる身内や友人・知人、教え子などから送られてくるというケースのほか、「買ったことはないが、いつも家にある。どこから来ているのかはわからない」という「出所不明」の声も目立つ。そして、興味深いのは「大量に届く」という人が多いことだ。


「親戚から毎年たくさんもらい、何年分もの昆布がたまっている。田舎の人なので大雑把で、半端ない量を送ってくる」

「彼女の実家が昆布漁師。シーズンになるともらってくるが、実家や友人などに配らないと到底消費しきれない量」

「漁の手伝いをすると、抱えきれないほどの昆布や、鮭十数尾、大きなカゴに山盛りの魚など、豪快な漁師さんからすごい量の魚介類が現物支給される」

一部抜粋するだけでも、このような感じなのだ。「大量に届く→使い切る前にまた届く→お裾分け→さらにほかの人にお裾分け」というお裾分けのループで、「出所不明」になるものと思われる。

「浜の人はあげたがり」という声もあったが、これは、野菜を作っている農家の方も同じではないだろうか。わたしも過去に、食べきれないほどの野菜を農家の方からいただいたことがある。それにしても、使い切れないほど昆布が届くとは、なんともうらやましい限りである。

回答数224人のデータなので、この結果が北海道全体にあてはまるとはいえないが、想像以上にもらい昆布が出回っていたのには、正直驚いた。

道産子の多くは「使い方がわからない」

マラソン大会やイベントの景品として昆布が配布される機会もあったりと、購入金額が全国最下位ながらも、道産子にとって昆布は身近な存在ではあるのだ。しかし、もっとも多く聞いたのが、「使い方がわからない」という声だ。「普段はみそ汁と鍋くらいにしか使わず、どちらかというと、年末年始の『ハレの日の食材』というイメージ」という人もいた。たしかに、わが家でも昆布といえば、おせちの昆布巻きで食べるものという印象が強く、子どもの頃は、この地味な昆布巻きが好きではなかった。

昆布の一大産地にもかかわらず、「使い方がわからない」というのは、ひとえに、食文化の違いなのではないだろうか。北陸や関西のように、さまざまな料理に昆布を使ったり、何にでも昆布だしを使うという食文化であれば、「使い切れなくて余る」という状況にはならないのではないかと思うのだ。

前出の北海道ぎょれんの村田氏に聞くと、ぎょれんとしては、「北海道の3大水産物である帆立、鮭、昆布のPRや普及活動に力を入れている」という。道内の多くの地域で獲れるこれらの水産物を、「もっと食べましょう」という取り組みで、全国紙や関東のラジオ番組などで啓蒙したり、道内の保育園から高校、大学、専門学校など、さまざまな学校で食育の授業などを行っている。ただし、「帆立や鮭は食事のメイン食材となるけれど、昆布はそうもいかないので、なかなか難しい」ともいう。たしかに、北海道に住んでいた頃、朝ごはんに焼き鮭、バーベキューでは殻付きの帆立と、どちらもよく食べていた。一方昆布はほんとうに使わなかった。毎日の料理に昆布が欠かせなくなった今は、「あらゆる料理のベースとなる、縁の下の力持ち的存在」という意味がよくわかるが、「ある程度使いこなさないと、その意味もなかなか体感できないのかもしれない」とも思う。

北海道水産林務部水産局・水産経営課水産商品振興グループの久慈英理子さんの実家は、日高の昆布漁師。当然ながら、毎日の料理に昆布を使っているという。

「魚の煮付けの下に敷いたり、昆布巻き、佃煮、煮物、昆布締めなど、いろいろな料理に使います。みそ汁も昆布だしのみ。ご近所や漁師さんたちからカジカなどの魚をもらうことも多く、それらをみそ汁の具にすると、魚のイノシン酸と昆布のグルタミン酸で合わせだしのようになるので、わざわざかつお節や煮干しを使うこともありませんでした」と、産地ならではの使い方を教えてくれた。

「日高昆布はだしもとれるし、柔らかくてすぐ煮えるので、どんどん食べてほしいですね。『昆布のだしがらを捨てるのがいや』という声もよく聞きますが、瓶に入った粉状の昆布もあります。これなら、お湯でみそを溶いて、スプーン1杯入れるだけで昆布だしのきいたみそ汁が作れる。どんな料理にも、うま味調味料のように振りかけるだけで、昆布だしがきいた料理になるので、まずはこういうものから始めてみるといいかもしれません」

たしかに、昆布を使わない理由が「だしがらを捨てるのがいや」ということならば、だしがらも出ず、振りかけるだけで手軽に使える粉末昆布はとても使い勝手がいい。こういう便利なアイテムを使い、昆布のおいしさを感じると、次第に本物の昆布を手に取ろうと思うようになるかもしれない。

粉末状の昆布は、乾物屋やスーパー、グローサリーショップなど、最近はさまざまなお店で見かけるので、ひとつあると便利さがよくわかると思う。

北海道ぎょれんや地元の水産関係者も、昆布の魅力を普及するために、地道な活動を続けている。保育園の食育授業では、昆布だしや昆布を使った料理を、園児たちが「びっくりするくらい喜んで食べる」（北海道漁業協同組合連合会　販売企画部　西村美月氏）という。そして、子どもたちの様子を見聞きした母親たちが、自宅で昆布を使うようになるケースも増えているそうだ。

「もらい昆布」でさえも、使い切れないという人が多数いる北海道。このように、コツコツと普及活動を継続していくことが何よりも大切だし、続けていくことで、いつか北海道全域に本物の昆布文化が根付いていくのかもしれない。

さまざまな取材を通じ、長年の食文化というものは、そう簡単に変わるものではないということを改めて感じた。

素晴らしきうま味の宝庫で、ミネラルや食物繊維など、体にうれしい栄養がいっぱいの昆布。北海道が誇るこの昆布の魅力がもっと広まり、日々の食卓がさらにおいしく、豊かになることを、心から願うばかりである。

あごだしブームはいつ始まったのか

今、全国的にあごだしが大ブームである。**あごとはトビウオのことで、名称の由来は**

諸説あるが、「あごが落ちるほどおいしい」ことから、このように呼ばれるようになったという説が有名だ。

あごだしは、もともとは長崎県のごく一部の地域で家庭料理のだしとして使われているほか、博多雑煮のだしとして、おもに正月に使われている。福岡の百貨店では、藁《わら》で結《ゆ》わえた焼きあごが並ぶのが年末の風物詩で、地元の人は縁起物として購入し、雑煮を作るのだという。このほか、北陸地方などでも一部あごだしを使う地域があるようだ。

このように、限られた地域で使われていたあごだしが全国区になったのは、この数年のこと。「味の兵四郎《ひょうしろう》」、そして「茅乃舎《かやのや》」のだしパックの影響だろう。ともに福岡県の企業である。

わたしがあごだしの存在を知ったのは、2010年のこと。年末年始の買い出しに訪れた百貨店で、催事に出店していた「味の兵四郎」のあごだしを試飲したのがきっかけだった。

慣れ親しんだ煮干しやかつおだしとはまったく違う、初めての味。「おいしいなあ」と思って1袋購入し、みそ汁やうどん、蕎麦などを繰り返し作り、だしパックがなくなりかけると「次に催事に出店するのはいつだろう」と心待ちにしていた。ネットで調べると、いくつかの百貨店のグローサリーコーナーで通年取り扱っていることが判明。ちょくちょく買いに行くようになり、札幌の実家に帰省した際には、「このだしおいしいよ」と、母親にもあげたりしていた。

この年、六本木の商業施設「東京ミッドタウン」に、「茅乃舎」が入店。福岡以外では初の出店だ。通販でもだしパックを販売していたが、直営店を構えた影響は、端から見ていてもとても大きかったように記憶している。当時わたしは、ライターとして主婦雑誌の仕事をしていたのだが、読者に日々の家庭料理についてリサーチをする機会も多かった。そこで、だしは何を使っているかたずねると、「茅乃舎だし」という声が非常に多く、使うようになったきっかけを聞くと、「ママ友から『これおいしいから使ってみて』ともらった」という人が大勢いたのだ。同社には5袋入りの小さいサイズがあり、これがちょっとしたプレゼントやお礼の品にぴったりなのだ。「自分のお気に入りを友達にも教えたい」という気持ちにちょうどよくフィットしたことと、毎日作る料理だけに、だしパックをもらって困る人もいない。使ってみておいしいと思えばリピートする。わたしも先日、マンションの隣の部屋に引っ越してきた家族から、あいさつとともに茅乃舎のだしの3種詰め合わせをいただいた。なんというか、いろいろとちょうどいいのだ。

わたしのまわりでは、このような感じで都内近郊のママたちの間で人気が広がっていくと同時に、茅乃舎の直営店は全国に続々とオープンし、さらに買いやすくなっていった。

わたしが見てきた限りでは、都内各地の店舗をはじめ、札幌や大阪の店舗も大人気。週末ともなると、レジに行列ができているのもよく見かける。

茅乃舎はだしパック以外に、調味料やドレッシングなども豊富で、立ち寄るたびに新製品が出ていたり、気前よく試飲や試食をさせてくれることもあり、いつ行ってもとても活気がある。店頭でもらえるパンフレットには、同社製品を使ったレシピが多数掲載されており、これが、とても無料とは思えないクオリティなのだ。読み物も豊富で、写真もきれい。長年雑誌作りに携わっている身としては、「お金をかけて作っていて、よくできているなあ……」というひとことに尽きる。

あごだしで日本の食文化が変わる？

このような感じで、瞬《また》く間に日常のだしとして市民権を得たあごだし。兵四郎も茅乃舎も、正確には焼きあごに加えてかつお節や昆布など、複数のだし素材を組み合わせた「あご入りだし」だが（パッケージにもしっかり明記されている）、「あごだし」と思っている人も多いだろう。わたしも、だしの取材を始めるまでは、「これがあごだしというものか」と思っていたものだ。

だし生活を始めてから数年。今では自分でだしをとる生活がすっかり身につき、だしパックを買うことはほとんどなくなった。ただ、たまにいただく機会があるので、そういうときはありがたく使っている。おいしいあご入りだしは、日々の料理に新鮮さをもたらしてくれる。

しかし、わたしはちょっと心配にもなってきたのだ。これだけ全国的にあごだしがブームになると、日本の食文化の伝統が変わってしまうのではないだろうか、と。

そう思ったのには、もうひとつのきっかけがある。

とあるかつお節メーカーの方が、同社のだし教室に参加した生徒さんに、後日、「現在愛用しているだしは何ですか？」というアンケートを取ったところ、一番多かったのが、なんとあごだしだったというのだ。もちろん、焼きあご（あごは煮干しではなく、おもに焼いてだし素材にする）はどこのスーパーでも売っているわけではないので、素材からあごだしをとるということではなく、だしパックを愛用しているということだろう。

この結果には、わたしも驚き、かなりのショックを受けた。だしパックを使用するのはもちろんいいとして、パックの中身がかつお節ではなく、あごというのが衝撃だったのだ。だし教室で、引き立てのかつおだしの豊かな香りやおいしさを存分に学んだはずなのに……。

そんなタイミングで、あごだしに関するニュースがＹａｈｏｏ！のトップページを飾った。

「だし素材　あごだしブーム　戸惑う地元　平戸ブランド化の戦略も」という西日本新聞（２０１６年9月21日）の記事で、いわゆる「ヤフトピ入り」だ。記事には、「だしパックブームの追い風で焼きあご人気に火がつき、価格が上がり始めたのは3年前。8月25日、今季の漁解禁後も上昇、今月９日には3年前の７・５倍、最高値１万５千円を付けた。」とある。同時期に、ほかの新聞でも同様の内容が報じられた。

「『あご御殿も夢じゃない』価格急騰、長崎のトビウオ漁活況」(2016年10月7日産経新聞)

「『あごだし』バブル　トビウオ価格、3年前の4倍」(2016年10月13日　毎日新聞)

まさかそんな高値で取引されているとは、ブームはやはり本物だった。これらのニュースを立て続けに目にし、その後、テレビの情報番組でもあごだしブームが紹介された。

わたしはあごだしの地元の声を聞いてみたくなり、漁の最盛期である9月下旬、長崎へと向かった。

現地の漁師さんを紹介してもらったが

今回取材に行ったのは、平戸と並ぶあご漁の町、上五島《かみごとう》。今、東京では五島や上五島の食材を使った飲食店が増えていることと、世界遺産候補ということもあり、ずっと気になっていた島だ。

長崎でだし用のあご漁が行われているのは、平戸と上五島の2カ所で、漁期は8月下旬から10月中旬にかけてのわずか1カ月半しかない。島根のほうでもあご漁が行われているが、サイズが大きくて脂がのっているため、だしにすると生臭さが出てしまうのと、酸化しやすいことから、おもに刺身などで食べられるという。

取材に行こうにも、五島に知り合いはまったくいないため、どこから当たっていいのかさっぱりわからない。役所に電話してみると、「漁のことなら漁協に聞いてください」といわれたのだが、忙しい漁にどこの馬の骨かもわからぬ東京のフリーライターが同行取材を頼んだところで、じゃまになるだけなのは誰の目にも明らかだ。「あー、今漁の最盛期だから無理無理！」などと断られでもしたら、一発でおしまいだ。

そこで、中目黒にあごだしを使った「五島手延うどん　藪ノ椿」（現在は閉店）があることを思い出し、経営している際《きわ》コーポレーションに相談してみたところ、あご漁の漁師で、あごの加工品やだしパックも作っているという、畑下直《すなお》さんという方を紹介してくれた。さっそく畑下さんに連絡したところ、漁の同行取材を快く許可してくれたのだ。ただし、あご漁に出られるのは、おもに「北東の風が吹いているとき」。あごたちは、北東の風に乗って、漁場である有川湾《ありかわ》にやってくるというのだ。

上五島に3泊するスケジュールを組んだが、天気がどうなるかもわからないし、風が吹くかどうかは完全に運だ。1週間のうち、2日しか漁に出られないこともザラだという。

羽田空港から長崎空港までは、2時間のフライト。空港から長崎港へはバスで40分で、さらにここから鯛《たい》ノ浦《うら》港行きのフェリーに乗ること1時間40分。「島に行くって大変なんだなあ……」と思いつつぼんやりと海を眺めていると、ととと飛んでいるではないかトビウオがー……!!!

生まれて初めて見る、トビウオが勢いよく飛ぶ姿。以前、長崎出身の新聞記者と飲んだときに、「船からトビウオが飛ぶのが見えますよ」といわれていたので楽しみにしていたのだが、ほんとうに、はっきりくっきりと見えた。それも何度も。最初、スズメの大群が飛んでいるのかと思ったが、こんな大海原にスズメがいるわけがない。グライダーのようにあまりにも見事に飛ぶ姿に目がくぎ付けに。トビウオは、飛ぶために内臓器官が簡略化されており、体が軽いのだそう。何とよくできているのだろうか。けっこうな距離を飛ぶトビウオもいて、わくわくしながら見ているうちに、あっという間に島が見えてきた。

鯛ノ浦港に到着し、畑下さんと合流。明日の天気は晴れで、あご漁に出るという（ホッ……）。午前5時45分に小串港に集合し、午前中の第一便に乗せてもらうことになった。

熟練の職人にしかできない、焼きあご作り

あご漁は、2隻1組で網を引く漁法で行われる。わたしが乗せてもらった船は、畑下さんが乗る「恵淳」。同氏の父親が乗る船「大福丸」の2隻で網を引き、あごを追い込んでいく。

港を出て1時間半ほど経った頃だろうか。網に大量のあごが入っているのが見える。「今日の風は北東ではないけれど、獲れるときは獲れるので、わからんもんです」と畑下さん。4人がかりで船の上に引き上げ、一気に氷の中へ。冷蔵スペースがいっぱいになると、一旦港に戻り、水揚げをする。「トロ箱」と呼ばれる、1箱15kg入りの木箱に

詰めていくのだが、詰め終わると再び海へ。この日は午前中2回、午後2回の計4回漁に出て、330箱という大漁だったが、どの船も同じように獲れるというものでもないという。

あごのいる場所を見極めるのは、「船頭の腕次第」といい、長年の経験がものをいう世界。**わたしたちが日頃食べている魚は、豊かな自然と漁師の方々の苦労、そして、長年培《つちか》ってきた技術と経験があるから口にすることができるということを目《ま》の当たりにし、感謝の気持ちでいっぱいになった。**

あごが揚がると、休む間もなく焼きあご作りが始まる。畑下さんのお店「はたした」で串刺し体験をさせてもらった。あごのサイズを揃え、羽の付け根あたりに串を刺していく。キラキラと輝く美しいあごの串刺しがずらりと並ぶ光景は、圧巻の迫力だ。

すべてのあごを串に刺したら、次は炭火で焼いていくのだが、これは熟練の職人にしかできない作業。焼き場はものすごい熱さとの戦いで、焼き加減を見極めるのが非常に難しく、誰にでもできる作業ではないのだ。

畑下さんの妻・なをみさんが次々と手際よく焼き上げ、スタッフ総出で干し台に並べ、乾燥室に入れる。乾燥室では冷風で4、5日かけて乾燥するといい、温風よりも冷風のほうがきれいに仕上がるのだという。

「昔は天日で干してたんですけど、PM2・5の問題があり、気にされるお客さんも多かったので、乾燥室を導入したんです」(直さん)。


畑下さんは、親子3代にわたるあご漁の漁師だ。平成元年に新魚目《しんうおのめ》町漁協(旧北魚目第一漁協)に就職し、長年にわたり勤務していたが、減りつつある炭火の焼きあご作りを絶やしたくなかったことから、退職して一念発起。平成16年(2004)に、水産加工製造・販売会社「はたした」を設立し、自ら漁に出ながら、焼きあごやだしパックなどの加工品作りにも精を出す日々だ。

「昔は、小串や有川地区ではあご漁の時期になると、民家の軒先であごを焼くのが風物詩でした。今でも、自分の家で使う分や、親戚に送るくらいの焼きあごを焼いているお宅が少しだけありますが、旬のあごを冷凍し、通年で焼いているのはうちしかありません」

今ではガス焼きのあごも増えているというが、ガスと炭火とでは、「味も香りもまったく違う」という。漁を終えた直さんに、改めて現在のあごだしブームについて話を聞いた。

「あごは、昔は1箱800円くらいの安い魚だったんです。形のいいあごは、年末に博多雑煮のだしとして高く販売できましたが、それ以外の時期や小さいあごは売り物になりませんでした」

今の空前のあごだしブームからは、想像もつかない話である。

「そこで、小さいあごを丸ごと粉砕し、パック詰めにしたのが、あごだしパックの始まりです。昭和60年(1985)頃、わたしが勤めていた北魚目第一漁協が、『あごじまん』という名前のだしパックを作りました。当時、市場にもだしパック自体がほとんどなく、主流は顆粒。煮干しだしのパックもなかったと記憶しています」

あごだしを広めようと、混ぜ物なしの、100%のあごだしパックを作った北魚目第一漁協。簡単に本格だしがとれる「あごじまん」は売れに売れ、内閣総理大臣賞を受賞した。

『あごじまん』が売れたことで、あごの価値が上がり、あご漁をする漁師が増えたんです」

日本初のあごだしパック誕生から約30年。『あごじまん』ができる以前は1箱800円だったあごが、平均3000円ほどの値がつくまでになった。さらに、バブルのようなあごだしブームで大手メーカーが続々とあごだし市場に参入。2016年には1万5千円もの高値がついた。

「2016年は、あごが高騰しすぎて地元の加工業者はあご製品の価格を上げざるを得なくなってしまいました。あごだしが全国に広まるのはとても喜ばしいことですが、市場に出回っているあご入りだしパックの中には、あごの香りも味もまったくしないものもある。食品表示を見ると、食塩が一番最初に来て、あごは最後のほうに表示されているケースも少なくありません。本物のあごだしのおいしさを広めたいため、うちのだしパックは、原材料があごのみの、10割だしパックにこだわっています」

食品表示、知っておきたいたったひとつのポイント

食品表示とは、パッケージの裏面に表示されている、原材料や添加物、賞味期限、保存方法などが書かれている部分のこと。**原材料も添加物も、使用した重量の多い順から表示されている。この、表示順のルールだけでも覚えておくと、だしパックを選ぶ際の参考になるはずだ。**

わたしもかつては、パッケージの裏を見て買い物することはほとんどなかったのだが、表示を見るようになってからは、**最初に「食塩」が表示されているだしパックや顆粒だしが少なくないことに驚いた。**かつお節や昆布、あごなどのだし素材よりも、塩分のほうが多く入っており、「どうりでしっかり味がついているわけだ」とようやく腑に落ちたのだ。いや、パッケージを隅から隅までよく読むと、「下味がついているのでそのまま料理に使えます」とちゃんと書いてあるだしパックももちろんある。が、わたしはほとんど読んでいなかったのだ。

だしを単体で飲んで「味がしっかりしてておいしい」と感じていたのは、最初から塩分が入っていたからだったのだと、ようやく気がついた。

食塩や醤油が最初から入っているだしパックは、それだけで味が決まるので簡単に料理が作れるというメリットがある。ただし、塩分が気になる人や、「減塩」というキーワードに敏感な人は、塩分が入っていないだしパックを選び、自分で好みの味つけをするといいだろう。大切なのは、パッケージに書かれている情報を、きちんと理解することではないだろうか。

話をあごだしに戻そう。

かつて、パッケージをろくに見ていなかったわたしは、「あご入りだし」と書かれているだしパックのことを、「あご100%だし」とばかり思い込んでいた。「あご入りだし」は、パッケージをよく読むと、焼きあごのほかに、かつお節や昆布など、さまざまな素材を各社独自の配合でブレンドしている。さまざまなうま味のかけ合わせによる、素人には決して再現できないブレンドで、これはこれで贅沢な味わいだ。

わたしが、焼きあごから自分でだしをとった際、真っ先に感じたのは、「パックのあごだしとずいぶん違う味がするなあ」ということだった。今思えば、「あごだし」と思っていただしパックは、「あご入りだし」だったので、いろんなだし素材が入っており、違う味がしてあたりまえだったのだけれども。

本物のあごでとった100%のあごだしは、煮干しほど魚くささがなく、品のある甘みとコク、そして、すっきりとした後味を感じる。

いつもの料理が、だしひとつでずいぶん変わる

今回の取材では、小串港近くに住む主婦・福井善子さんのご自宅で、たくさんのあごだし料理をごちそうになった。あごとカマスの干物、あごだしで作ったみそ汁、煮しめ、茶碗蒸し。

あごだしは、普段の料理に何にでも使っているといい、一般的にかつお節や煮干し、昆布だしなどで作る料理を、そのままあごだしに置き換えている。どの料理もあごの上品な甘みとコクがよくわかり、特に茶碗蒸しが感動のおいしさで、「おなじみの料理も、だしひとつでずいぶんと変わるものなんだなあ……」と思いつつ、おなかいっぱいいただいた。

締めは、五島うどんの地獄炊き。五島うどんとは、特産の椿油を使った名物うどんで、上五島には約30軒の製麺所がある。島民たちは、それぞれごひいきの製麺所があ

り、普段から家でも外でもよく食べているという。

細いながらもコシが強く、つるつるとしたのどごしが楽しめ、日本三大うどんのひとつともいわれている。

あごだしで食べるかけうどんのほか、有名なのが大鍋でたっぷりの麺をゆでる地獄炊き。あごだしと、生卵に醤油・かつお節・生姜を入れた2種のつけつゆで食べるのが特徴だ。

長崎や福岡では、うどんつゆのことを「すめ」と呼ぶようで、善子さんが作る「すめ」は、あごだしと醤油のみ。みりんも入らないので、あごだし本来の味がストレートに楽しめる。2種のつゆで飽きることなく、いくらでも食べられそうなのどごしのよさで、とてもおいしかった。

福井さん宅では、あご漁の時期は自宅の軒先で焼きあごを作っている。自宅でだしに使う分と、親戚に送る分を、この時期に1年分まとめて焼くのだという。

「**あごを焼く香りが秋の風物詩で、昔は辺り一帯に漂っていたものです**」と息子の康弘さん。町全体の高齢化もあり、自宅で作るのは、この辺りでは福井家くらいになってしまったそう。

しかし、自宅で焼いているからこそ「贅沢に使える」といい、「通常、鍋いっぱいの水に対して10尾くらいの焼きあごでだしをとるところ、うちは30尾入れるの。自分で作っている特権！　濃いめのだしが好きなんです」と善子さんは笑う。

善子さんの亡き母があごだしが大好きだったといい、息子の康弘さんもやはり「あごだしが一番」という。地元住民の普段の食事に同席させてもらい、「長年の食文化はこうして受け継がれていくのだなあ……」と、しみじみと思った。

たまには、パックではないあごだしを使いたい

上五島であご漁に同行し、現地の人たちの話を聞いて感じたこと。それは、極めて漁期が短く、ごく限られた場所でしか獲ることのできないあごが、これだけの全国的なブームになるのはやはり普通のことではないということ。ただし、２０１７年の取引価格は平年並みに戻っているとのことで、前年のような異常なあごバブルは落ち着いたようだ。

だしパックは、たとえ少量のあごしか入っていなくても「あご入り」と名乗れることから、「パッケージであご入りだしと名乗るからには、せめて成分表示の最初のほうに

あごが来てほしい」という声も多く聞かれた。「本物のあごだしの味を知ってほしい」と。

かつお節も昆布も煮干しもあごも、本物の素材からとるだしは、とてもおいしい。だしパックはたしかに便利で使い勝手もよいけれど、自分でとるだしはパックよりもはるかにおいしいと感じる。

だからこそ、わが家のだし生活は途切れることなく続いているのだなと、改めて感じた。

焼きあごは、どこのスーパーでも入手できるものではないが、品揃えにこだわりのあるスーパーや、乾物屋さんだと置いているところもあるので、みつけたらぜひ、本物のあごだしにチャレンジしてみてほしい。

あご漁師・畑下さんの焼きあごを、通信販売で購入することもできる。使い方は煮干しと一緒で、一晩水に浸け、翌日数分火にかけるだけ。特別な日のお吸い物や、ちょっといいことがあった日のみそ汁など、「自分へのごほうび」として、体にやさしくておいしい焼きあごはいかがだろうか。

自分で作る日々のごはんも、だしが変わると「お？」という驚きと喜びが、きっとあるはずだから。

前作を読んでくれた方から、うれしいメールをいただいたので、最後に紹介したい。

「なんでも最初だけ張り切ってすぐ挫折するわたしですが、梅津さんのだしとりは、ほんとうに簡単で、無理なく気楽にできるので続けられているのかもしれません。それだけでも自分を好きになれた気がします。大げさでなく、習慣として一生続けられそうです」

もう、涙が出るほどうれしい……（泣）。

数年前まで、難しく思っていただし生活。やってみると、難しいことは何もないどころか、おいしくて体によくて、いいこと尽くめだった。40代で一生ものの食習慣と味覚が身についたことで、これからも、きっと健康的でいきいきとした毎日を送れるのではないかと思っている。

だしのある暮らしって、いいですよ！

◎あご漁師・畑下直さんの焼きあご取り扱い店

「はたした」TEL／0959-43-8995

上五島町漁業協同組合運営
「五島箱入娘オンラインショップ」
https://hakoirimusume510.ocnk.net

「長崎県五島列島　上五島SHOP」
https://ispfoods.jp/kamigotoshop/

◎おもな参考文献

『だしの神秘』（著・伏木亨／朝日新書）
『だしの科学』（著・的場輝佳、外内尚人／朝倉書店）
『昆布と日本人』（著・奥井隆／日経プレミアシリーズ）

にんべん公式サイト「かつお節塾」
https://www.ninben.co.jp/katsuo/

消費者庁ホームページ「知っておきたい食品の表示」
https://www.caa.go.jp/policies/policy/food_labeling/information/pamphlets/pdf/01_s-foodlabel200330.pdf

北海道歴史・文化ポータルサイト「AKARENGA」
https://www.akarenga-h.jp

ヤマキ公式サイト「沖縄×かつお節」
https://www.yamaki.co.jp/special/kachuyu/index.html

本書は、2018年1月に、弊社より『もっとおいしい、だし生活。』として刊行された作品を改題し、加筆・修正のうえ文庫化したものです。掲載されている商品や情報は、単行本刊行時のものである場合がありますのでご注意ください。

祥伝社黄金文庫

世界一簡単《せかいいちかんたん》な だし生活《せいかつ》。

令和2年6月20日　初版第1刷発行

著　者　梅津有希子《うめつゆきこ》
発行者　辻　浩明
発行所　祥伝社《しょうでんしゃ》
〒101－8701
東京都千代田区神田神保町3－3
電話　03（3265）2084（編集部）
電話　03（3265）2081（販売部）
電話　03（3265）3622（業務部）
www.shodensha.co.jp

印刷所　萩原印刷
製本所　ナショナル製本

　ISBN978-4-396-31783-6 C0120

祥伝社黄金文庫

梅津有希子
だし生活、はじめました。
かつお節はコーヒードリッパーで。昆布は水につけるだけ。簡単なのにいいことだらけ！　おいしい！　太らない！

若杉友子
これを食べれば医者はいらない
日本人のための㊏㊎㊓㊡
不健康なものを食べているから、不健康になるのです――若杉ばあちゃん流「食養」で、医者いらずの体になろう。

若杉友子
こうして作れば医者はいらない
若杉ばあちゃんの台所
からだを正しく作り変える、若杉ばあちゃんの台所の知恵を大公開！　家庭ですぐにできる、簡単レシピが満載！

沖　幸子
50過ぎたら、ものは引き算、心は足し算
「きれいなおばあちゃん」になるために。今から知っておきたい、体力と時間をかけない暮らしのコツ。

杉浦さやか
ひっこしました
わたしの暮らしづくり
荷づくり・家具探し・庭仕事・収納……「ひっこし」レポート。書下ろし「再びひっこしました」も収録！

杉浦さやか
結婚できるかな？
婚活滝修行
独身イラストレーターの婚活から結婚まで。この〝修行〟で運命、変えてみせます！「パウロ先生の婚活一直線」収録。